西洋繪畫導覽

莫內的魅力

洪麟風著 藝術圖書公司印行

莫內的魅力

目錄

吉維尼的春天
油彩・畫布　1890年

莫內──美妙柔光畫家

莫內——
印象派繪畫之母

蒙梭公園（局部）

蒙梭公園
油彩・畫布　1876年　60×82.5cm
紐約・大都會美術館藏

　　莫內是印象畫派（Impressionnisme）之母，亦是該畫派的
代表巨匠。當時，這一派畫家被指爲是畫壇的異類，反傳
統的藝術叛徒，是一群落選畫家之集合，更受到上流人物
的鄙視與嘲笑。

戴帽莫內自畫像
油彩·畫布　1886年　56×46cm
私人收藏

亨利・方登　拉突爾作
巴迪諾爾區－畫室（立者最右爲莫內）
油彩・畫布　1870年　204×273.5cm
巴黎・羅浮宮美術館藏

Claude Monet

莫　內——全名爲奧斯卡・克勞德・莫內(Oscar-Claude Monet)，生於1840年11月14日法國巴黎，父親阿特爾夫是食品商，莫內爲長子。

　　莫內是印象畫派 (Impressionnisme) 之母，亦是該畫派的代表巨匠。當時，這一派畫家被指爲是畫壇的異類，反傳統的藝術叛徒，是一群落選畫家之集合，更受到上流人物的鄙視與嘲笑。

　　但他們以堅毅不移的奮鬥，尤其是莫內的才華與努力而在繪畫的成就，終於扭轉乾坤，確立了「印象派」在畫壇上的地位。影響之廣無遠弗屆，影響之久，至今屹立而不墜。他是印象派最偉大又最典型的畫家；這個評價的根據，不僅是基於作品的質而已，能夠終生不移，貫徹印象派理想的創作態度，也是原因之一。

遊艇
油彩・畫布　1872年　49×65cm
巴黎・奧塞美術館藏

孩童的世界，在魯・阿佛爾

莫內在1845年時（當時5歲），全家搬到法國南海岸的魯・阿佛爾（Le Havre）。那是在諾曼弟的塞納河畔一個港街。莫內的青少年時代，有14個年頭是在這裡渡過，雖然1859年曾一度搬回巴黎，但大部分時間是住在這裏，生活也滿幸福的。

這個莫內的第二個故鄉——魯阿・佛爾（Le Havre），對他的一生有極大的影響。面臨大海的港街，放眼望去是一片「海濶天空」的世界，在這裡所遇到的人或大自然的環境，對於未來成為畫家所具有的特性，都有決定性的作用。

海——讓他迷戀
光——讓他敏銳

海——讓他迷戀；光——讓他視覺敏銳；「心」與「眼」，在這裡都得到極好的培養，那變幻無窮的天候，孕育靈敏的感受力。他強烈的理解到大自然的力量，既微妙又難以捉摸；也就如此，他才會「不厭其膩」的對於某一題材，作「一而再，再而三」的去描繪。像那些有名的「麥稈堆」、「白楊樹」、「盧恩大敎堂」、「貝爾・伊（Belle-Ile）海濱岩石」等系列作品，也都是如此。

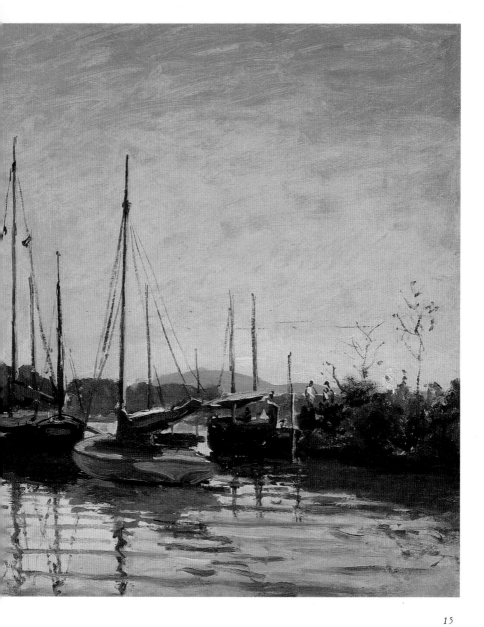

啓蒙與益友──布丹

　　莫內的繪畫才能，可說是他的叔母蘇菲所喚起的。在魯阿佛爾市上學之後，他非常喜歡在書本或簿子上塗塗畫畫，尤以漫畫最爲擅長；到了15歲時，他的畫已經可以賣錢了。

　　1858年，莫內的畫在當地的畫框店裡展售時，認識了同是有作品在此展示的風景畫家伍傑尼‧布丹。這比莫內大16歲的布丹，鼓勵年輕的莫內（當時18歲）畫風景畫。

　　當時，傳統的風景畫多爲室內製作的；而擅長海景或海濱風景的布丹說：「親身在現地畫的畫，才會有室內畫作所無法具有的勁道和躍動感」，而主張在外光下作畫。這也是莫內走上風景畫之緣由之一。

　　起初，莫內對布丹的畫並不覺得怎樣；但是不久，終於領會出他的想法而起了共鳴。那是1858年的夏天，18歲的莫內悟到：「描繪實物的風景畫才是自己的天職」；「突然地，我眼前的一層蒙紗揭開了，我了解到繪畫是有可能表現到什麼程度。看著這個拋棄傳統，獨步於自我，而獻身於藝術的畫家在製作的樣子，我已經命中註定要成爲一個畫家了」──事後，他回憶著這麼說。

特魯維海灘　布丹作
油彩‧木板　1865年　25.4×45.7cm
華盛頓‧國家畫廊藏

河邊村莊　布丹作
油彩‧木板　1865年　35.6×58.4cm

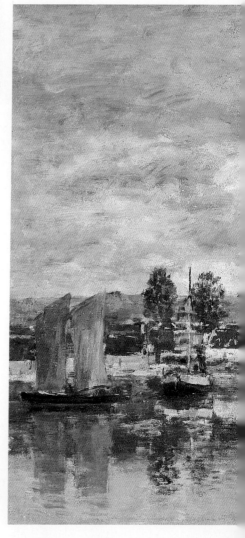

跟畫友轉向戶外寫生

　　從此，莫內也走出圍室，面對光彩繽紛的大自然；不僅是莫內，就是莫內的一群印象派的同道畫友，也都轉向戶外製作。從這一點講，布丹可說是他們的偉大先驅。莫內曾直接的從布丹學到這種作畫態度，而推廣到同道的畫友們；所以，從另一意味上講，布丹可以說是印象主義誕生之母吧。

捕捉千變萬化的光影

莫內住在塞納河畔的維特尼 (Veth-euil)時,有一雜誌社的編輯來訪問他。客人看了房子、庭院、畫作之後,要求看他的畫室。莫內竟然回答說:「畫室啊?我從來就沒有畫室」。

接著,指著遠處的塞納河、山丘,和維特尼的街上,說道:「那就是我的畫室啊!」由此可知,莫內是一切以「大自然爲師」的信念。

風景的變化,不僅是由於季節的變遷,即使是一天之中,時辰的運行,也會使風景有不同的面貌。朝霞裏的海,和艷陽下的海,雖是同樣一個地方,但情景却完全不一樣。

太陽的高度和光的強弱不同,受到照射的海面,也就會產生不同的光輝與色彩。此外,大氣的變化,也使我們眼睛所看風景的映象,有多樣的作用。

譬如,同樣是早晨的海,靄霧瀰漫的濕空氣,或萬里無雲的乾爽天氣,給我們的印象一定是迥然不同。

是以,風情萬種的天氣,致使風景面貌千變萬化。晴天、陰天、下雨,各種日子各有其不同的風景。庭院裏的樹,那一片一片的葉子,也會因天候而明顯的改變色彩,受到強烈的陽光照射時,因反射幾乎失去了顏色;而在陰雨的日子,却顯得濃綠。

河川、海洋、原野,並不是亙古如一。

河川・海洋・原野
並不是亙古如一

莫內從年輕一直到晚年，86歲的長遠繪畫生涯，都是在凝視著「日照」、「雲陰」在地面上形成的「光」與「影」。

風景因季節與時辰，或氣象的移轉，而時時刻刻的向我們呈現不同的姿態。莫內就是把他的眼睛所捕捉的瞬間印象，努力地再現於他的畫布上；從任何意味上講，莫內確是最符合於稱作「印象派」的畫家。

他畫得很專注、也很瘋狂。就如：

1885年，有人看到莫內在畫諾曼弟海濱波濤洶湧的風景時「…他外套下端全被飛濺的海水打濕，兩膝之間夾著數張畫布，專心的畫著白浪滔天的暴風雨。他一張又一張地交換著畫布於畫架上，畫上那瞬息即變的波濤的顏色；畫布停留在架子上的時間，只不過是兩三分鐘而已。他以激快的筆法，把變動的光色，揮灑在畫布上，彷彿是在和那雄壯的大海、天空，和岩石拼鬥似的」。

穿過葡萄園的小徑

油彩・畫布　1872年　47×74cm

私人收藏

亞爾嘉杜賽船會

油彩・畫布　1874年　60×100cm

午餐
油彩・畫布　1868—70年　230×150cm

葛利巴爾夫人
油彩・畫布　1868年　217×138cm
巴黎・奧塞美術館藏

「庭園女人」大畫製作

在畫「庭園的女人（1866-67）」時，他把高240公分以上的大幅畫布搬到院子裏，院子裏挖一條深溝，要畫上部時，就把畫布放下溝裏來畫。1891年，帶給他名、利的巨作「麥稈堆」的連作15幅，是他的義女以手推車載著還在製作中的畫布，跟著莫內到麥田裡；莫內在麥田中，依光線的變化替換著畫布而畫製的。諸如此類，莫內的精神、毅力，使人稱奇又佩服。這也是歐洲美術史上，最能夠銳利的把太陽和大氣的效果，表現出來的畫家。

卡謬相憐、却紅顏薄命

當時，要發表作品，只能靠一年一度的沙龍（現代法國每年舉行的美術展覽會之稱），而且要經過審查；所以，應徵的作品並不一定都能入選展出。莫內在1865年有兩幅海景畫入選沙龍展；次年「綠衣的女人（卡謬）」也再度入選；但，1867年提出精心作「庭園的女人」（1866～67）竟告落選。後來被畫友巴吉爾買了去。

「庭園的女人」和同時期的「草地上的午餐」（1865）同屬巨幅作品，色彩大胆而強烈，人物直接受到陽光的處理效果，構圖工夫，處處都顯出莫內獨創性的功力。

此外，「魯阿佛爾的河岸」（1867）、「雪中的鵲」（1869）等優秀作品也相繼的完成。雖然「魯阿佛爾的海港（1868）」兩張，只有一張入選沙龍，但功力已屬上乘。接在「綠衣的女人」之後的大幅肖像畫，有「葛利巴爾（Gaudibert）夫人（1868）」都極出色。

「綠衣的女人」所畫的是當時19歲里昂出身的女孩子——卡謬；不久兩人就同居，一直到1870年莫內30歲時，才獲得父親同意，在高爾培（Gustave Courbet 1819-1877）等人的見證下正式結婚；其時，長男約翰・莫內已經出生，「搖籃裡的約翰（1867）」畫的就是卡謬和他。

從1866年起，卡謬就成為莫內多幅畫中的人物；但在1879年，以32歲的青春早逝；1880年以後，莫內很少有人物畫，或與此有關。

確立印象派技法

亞爾嘉杜的麗春花（局部）

亞爾嘉杜的麗春花
油彩・畫布　1873年　50×65cm
巴黎・奧塞美術館藏

　　印象派基本技法之一的「色彩分割」，就在這塞納河畔，由兩位傑出的畫家所確認下來了。有了這「拉・葛里諾埃爾」的經驗作爲直接母體，日後「視覺混合」、「油彩之堆厚」等印象派之作畫技法，也相繼確立。

海邊之船
油彩　1881年　82×60cm
日本・東京富士美術館藏

塞納河上（局部）
油彩・畫布　1872年　49.2×76cm
日本・靜岡縣立美術館藏

莫內和雷諾亞1869年的初秋，一起到當時極爲有名的休閒勝地——布其保爾 (Bougival) 的拉・葛里諾埃爾 (La Grenouillere) 作畫。這幾年，莫內一家的生活是陷於困境而難於自拔。逃債、自殺，得獎作品被債主查封，窮途末路，幸得雷諾亞的接濟，才能倖免餓死。

這個熱鬧的夏天休閒樂園，其人情、風俗，在莫泊桑的短篇小說「寶爾的戀人 (Bel Ami)」中已有生動的描述；而莫內卻是在這裡，把光與空氣的感覺，要如何的表現，作了一番徹底的追究。其中，以花盆形小浮島爲中心而畫的「拉・葛里諾埃爾 (1869)」成果最好。

莫內和雷諾亞陶醉在那快活的氣氛中，迅速地揮灑著豪邁的筆觸，描繪那水面盪漾的波光，遠處的白楊樹，充滿陽光而模糊淡化。爲捕捉這光輝與華麗，避免油彩混色濁化，每一筆每一筆的油彩，都要分開。結果，在只是四、五筆筆觸的並排之中，就好像完全捕捉自然的神韻，光彩奪目躍然欲出。

印象派基本技法之一的「色彩分割」，就在這塞納河畔，由兩位傑出的畫家所確認下來了。有了這「拉・葛里諾埃爾」的經驗作爲直接母體，日

後「視覺混合」、「油彩之堆厚」等印象派之作畫技法，也相繼確立。

「印象・日出」戲評成招牌

1870年夏季之後，約有一年，莫內往返於英國和荷蘭之間。他的日本趣味，也是在這段時期開始沾染的。

在荷蘭，主要是在參達姆 (Zaandam) 地方畫運河或風車。回國之後，莫內就住在巴黎下游，近於塞納河的亞爾嘉杜 (Argenteuil)。而1877年起，到第二年夏天，又回巴黎；受馬奈之支助而借住在下游的維特尼 (Vetheuil)。

在這期間，他的印象主義畫風更爲洗練、成長、圓熟；「印象派」得名之作——「印象・日出」也是完成於這

個時期。

　　置身於大自然捕捉陽光、大氣的素材效應，是莫內一群畫友所努力不懈的使命；他們本就對傳統與學院派作了無言的反彈，但也受到了「沙龍人」無情的冷落。於是這一群冷門畫家，為了要把自己所創出的新藝術公諸於世，並向沙龍作公開的挑戰，遂於1874年4月籌畫舉行一次展覽會，會名為「畫家‧雕刻家‧版畫家之匿名協會展」，當時還沒有印象派之名。地點在巴黎攝影家納達爾的工作室，會期一個月。

　　在這次展覽會，以莫內、雷諾亞、西斯勒（Sisley）、畢沙羅（Pissarro）、戴伽斯（Degas）為中心，外加布丹、塞尚……等，只有三十個畫家，165件作品展出。

「印象‧日出」喲 「印象」啊！

　　莫內在這次畫展，有油畫5件和粉彩7件參展；其中，包括1873年在旅館面對晨霧瀰漫的魯阿佛爾港所畫的日出圖「印象‧日出」之驚世之作，以及「亞爾嘉杜之罌粟花（1873）」。

　　這個展覽會就是所謂的「第一屆印象派畫展」；而莫內的「印象‧日出」因太過大膽，用筆極為簡略，以致保守的評論家或藝術愛好者都認為：這

樣的作品是對鑑賞者的一種愚弄。一個叫盧洛瓦（Louis Leroy）的美術評論家，在當時的查理巴理報（LE CHAR-IVARI）刊登一則報導，遂有「印象派」或「印象主義」的稱呼。

　　這則報導是以虛構的沙龍畫家之間的對話形式來敍述的。

　　「……這幅畫到底是在畫甚麼？請你替我看看目錄是怎麼寫著？」

　　「寫的是『印象‧日出』喲。」

　　「是嗎？『印象』啊？我想也是。

　　假如我能有一些感受的話，在這個作品裏一定要有一些印象被畫在那裡的。但，實在太隨便了，用筆那麼粗率，粗糙的壁紙，看起來都比這幅海景畫來得精細。」

　　如此，盧洛瓦以嘲笑的意味，指這個展覽會為「一群印象主義者的畫展」，而有了「印象派」之名。

　　莫內們的初次登台，竟然成為當時巴黎美術界的一大醜事。不僅是莫內，連雷諾亞等等的畫友們都受到冷酷的批評。但是他們對世間的誤解，有一股反彈的活力與創造力，在1877年的第三屆展覽會，就自稱為「印象派畫展」。這個「印象派」的稱呼，原是來自盧洛瓦的戲評題目，是充滿嘲笑意味的字眼，後來竟然成為這群畫派的招牌了。

亞爾嘉杜的水清樹蔭

離巴黎不遠、瀕臨塞納河的一個小村莊。亞爾嘉杜 (Argenteuil)，對印象派來說，是一個很重要的地方。

1871年的冬天起，莫內有六個年頭借住在這裡。雷諾亞以及其他印象派的畫友，幾乎都來這裡作畫。摒離巴黎都市生活之沉淪，這個小村子顯得格外舒適。

從巴黎的聖拉塞 (Saint-Lazare) 車站，坐15分鐘的車就可到達；沿著塞納河畔有清爽蔭涼的散步道路，游水、泛舟的休閒中心或餐館，處處洋溢著悠閒。

這一時期，他們的畫風可說是最為接近，有時甚至分辨不出那一幅是誰的。他們贊美同一個主題，並且肯定共通的表現法。這個時期，莫內也留下了很豐富的傑作，除了「印象·日出」、「日本女人」或旅行荷蘭、巴黎之作品外，有很多屬於「地緣之作」。

像「亞爾嘉杜的畫家之家(1873)」、「午餐 (1873)」、「亞爾嘉杜的橋 (1874)」，或以庭園配上人物卡謬、劍蘭花，「亞爾嘉杜的罌粟花」…等等，或以原野為主題的，如「週日的亞爾嘉杜」、「亞爾嘉杜之小海灣 (1872)」、「亞爾嘉杜之原野上的白

冬天的亞爾嘉杜

油彩・畫布　1874年　54.6×73.8cm
美國・波士頓美術館藏

楊樹（夏日之原野）」，或以河與堤爲主題的，如「亞爾嘉杜的散步道路」、「亞爾嘉杜的河堤風光(1872)」、「河堤上的花欉（1877）」，或以河上的帆船爲主題的：「亞爾嘉杜的帆船比賽日(1872)」，「紅色的船之一，之二(1875)」，「停泊於碼頭的船隻(1875)」，以及1874年之賽船系列，或以雪景爲主題的：「冬天的亞爾嘉杜(1874)」、「花圃裡的雪(1873)」，「雪中的亞爾嘉杜(1875)」、「亞爾嘉杜的雪(1874)」，「雪中的池塘(1875)」，「雪中的火車(1875)」，或以橋爲主題的有：「亞爾嘉杜的橋(1874)」之一、之二，「亞爾嘉杜之鐵道橋(1874)」、「公路木橋(1872)」……等等。

在這水鄉，莫內有一艘帶槳的船，船上有搭蓋屋頂的工作室；每當莫內坐在船上，在河中划行，必得依畫面構圖的需要，移動適當的位置。其所畫的風景畫之構圖，具有驚人的安定感，或是靠這樣得到的。

此外，是1877年在聖拉塞車站所畫的12件連作。這裡充滿煙霧、蒸汽，黑烏烏的火車頭、巨大的架棚、硬冷的鐵條，和那亞爾嘉杜溫煦的田園景緻，大異其趣。這個車站離亞爾嘉杜

亞爾嘉杜的蓬圖瓦茲街道雪景
油彩・畫布　1875年　60×81cm
巴塞爾美術館藏

雪中的火車
油彩・畫布　1875年　59×78cm
巴黎・蒙馬丹美術館藏

往歐洲的火車
油彩・畫布　1877年　64×81cm
巴黎・蒙馬丹美術館藏

只有11公里，是莫內到巴黎所必須上下的車站。莫內雖然住在亞爾嘉杜六年，但和巴黎時有來往；他獲得站長之允許，在車站內自由作畫。

「聖拉塞車站」

這些有：「聖拉塞車站（1877）」、「聖拉塞車站火車到站(1877)」、「聖拉塞車站外頭」多幅。其中前二者成為一對，前者現藏於奧塞美術館。同樣的，在「橋」的部分，1874年作的「亞爾嘉杜的鐵道橋」也有兩幅成對，構圖相同，只是其中一幅河上多一艘帆船而已。像「火車站」這樣別的畫家很不可能中意的題材，莫內却樂此不疲。其所以吸引他的，正是煙與空氣和水氣受光的變幻，以及對具有時代意味的近代文明產業，作番巡禮。莫內在這一連的「聖拉塞車站」之畫作之後，就不再有與產業形象有關的作品，並且也不再畫巴黎的風景。

1870年代，可說是印象派歷史上最為輝煌的時代；但對於莫內的生活來講，却是最為潦倒的時期。為了生活，常常受到畫友雷諾亞、馬奈等人的接濟，或畫商杜朗・里埃、收藏家蕭克・奧西杜・杜・貝利奧等人的援助，這些人可說是印象派的知音，也是巨星莫內的支柱。

維特尼之冬天

維特尼冬天（局部）

維特尼冬天
油彩・木板　1879年　60.6×81cm
美國・波士頓美術館藏

1879年到1880年的維特尼，冬天特別「冷」，或是窮困
與悲愁，使得維特尼的雪感覺特別灰暗，河上的冰更爲凜
冽；曾經以「印象・日出」而風靡世界的莫內，却把孤影
映布的塞納落日染在畫布上。

1878年6月30日的山尼路
油彩・畫布　1878年　76×52cm

冬天往維特尼的路上
油彩・畫布　1879年　52×71cm
越特堡美術館藏

莫內於1880年代前後移居維特尼 (Vetheuil) (1878-81)，後又遷到普瓦西 (Poissy) (1881-83)。先前借居於亞爾嘉杜的家，終因房租難償而不得不搬家 (1878)。一度搬回巴黎，但隨著次男米契爾之誕生，妻卡謬之健康大損，而在當年夏末，借馬奈之助而移居塞納河下游，離巴黎70公里處的維特尼。

灰冷的維特尼

這個時候，曾是支持者之實業家奧西杜也因破產，帶著妻子阿麗絲和六個孩子，來跟莫內一家同住。不久，1879年之9月，妻卡謬久病而逝，身為一個風景畫家之妻，處境堪稱淒涼？

1879年到1880年的維特尼，冬天特別「冷」，或是窮困與悲愁，使得維特尼的雪感覺特別灰暗，河上的冰更為

冬日初陽
油彩・畫布　1869年　89×130cm
巴黎・奧塞美術館藏

凜冽；曾經以「印象・日出」而風靡
世界的莫內，却把孤影映布的塞納落
日染在畫布上。這段時間有：「維特
尼之敎會冬雪風景（1879）」、「白霜
（1880）」、「塞納河上之落日，冬之效
果（1880）」、「解冰（Debacle 1880）」
…等等的作品留世。

　卡謬死後，阿麗絲便成爲莫內家的
主婦，在和奧西杜離異（1881）之後，
於1882年和莫內正式再婚。阿麗絲帶
有6個與前夫所生的子女，連同莫內本
來一家，一下子變成一家10口的大家
庭了。

卡謬走了
芙蘭舒和蘇珊進入畫面

　阿麗絲的女兒芙蘭舒和蘇珊，不幾
年也都長得亭亭玉立，都在莫內的畫
中一一登場。如「泛舟的少女們」
（Young Women in Boat）（1887）中左
爲蘇珊，背姿爲芙蘭舒，「戶外人物試
作──拿陽傘的少女（1886）」──左
右各一幅等，並且也成爲莫內作畫時
的幫手。

　1880年春天，參加沙龍，二件之中，
有一件落選，也沒參加第五屆印象派
畫展。但同年六月，在「現代生活雜
誌」所經營的畫廊裡，舉行了首次的
個人畫展；參加沙龍也以這一年爲最

維特尼之教會（冬雪風景）
油彩・畫布　1879年　53×71cm
巴黎・奧塞美術館藏

維特尼附近的罌粟花田
油彩・畫布　1879年　70×90cm
私人收藏

後一次了。對於莫內本人或整個印象派來講，「1880年」是一個重要的轉換期。

1881年夏天來臨，陽光重現

1881年夏天一到，莫內又漸漸地恢復到以前的清朗。莫內的家是離村子有段距離的地方，通向郊外的路，從屋前經過；隔著路，有一塊庭園斜斜地向著塞納河。這裡雖無畫家所喜歡繁花的熱鬧，但受著夏天陽光照射的

向日葵，却綻放黃色的光輝。那一群天真的小孩，也有助於他脫離灰澀的世界。

如：1880年畫的「維特尼附近塞納河堤上的花」和「伊珊馬丹的罌粟花小徑」以及1881年「維特尼莫內家的庭園」（此畫雖署名處為80，是以後誤記）等等，都有了爽朗快活的色調；熱鬧的花朵，活潑的飄雲，在在都記錄了他再度對大自然率直的感觸，並把這股喜悅，用色彩譜奏出來。

塞納河畔的維特尼
油彩・畫布　1880年
柏林・國家畫廊藏

離開傷心地，再度面向大海

　　1881年的沙龍和第六回印象派畫展，莫內都沒參加；並且在這一年的12月，帶著奧西杜夫人阿麗絲和孩子們離開傷心之地——維特尼，而暫住在較近於巴黎的普瓦西 (Poissy)。這期間，他輾轉於比故鄉魯阿佛爾更北的諾曼弟海岸。諸如：普維爾 (Pourville)、瓦朗吉維爾 (Varengeville)、艾特達 (Etretat)、弟埃普 (Dieppe) 等地，都留下了足跡；不僅如此，在以後的

歲月，他都有重遊舊地之作。

　　「海」和莫內之緣，可說是既親且密，而這些地方的海岸，歷經幾萬年的大風強浪所拍擊，變成白褐又極為壯烈的斷崖峭壁，和那時有變幻的波濤大海，相互對峙。

　　莫內在這裡畫陽光下平靜的大海，或波濤洶湧的浪海、海上落日、早晨海景、海岸的草叢小徑、孤立於絕壁上的教堂，並且對於海岸斷崖或有稅務小屋的懸崖，像是電影之運鏡一

艾特達懸崖
油彩‧畫布　1885年　65×81cm
史特林‧克拉克藝術中心藏

樣,有遠景、中景、近景之描寫。

　那奇異、黝黑、嶙峋、歪扭,有時近乎可怕的岩石,突出於像似海底迸出光塊來的海面。這些畫都似曾相識,彼此近同,但又「同中有異」;有時題材是一樣,但畫題却有別,也使得後人混淆不清。

「懸崖下的海」

　這時期的作品有很多,系列之作極為明顯。以下所列,僅屬常見的。畫題為避免混淆,而註明原文,如:「懸崖下的海 (The See-View from the Cliffs 1881)」,這幅和1897年的「弟埃普的懸崖 (On the Cliffs, Dieppe)」構圖相仿,只是左右相反;又,1882年之「早晨的瓦朗吉維爾稅務小屋(Customs Cabin at Varengeville Morning Effect)」和同年的「普維爾的漲潮 (Rising Tide at Pourville)」也是如此;又同年之「瓦朗吉維爾的稅務屋(The Custom House at Varengeville 或 The Custom Officers' Cabin at Varengeville)」和1897年之「佩特艾里的尖頂 (The Tip of the Petit Ailly)」則是在遠近之別而已,並且和1881年「飛坎的懸崖 (The Cliff at Fecamp)」也很相似。還有:1882年之「日落時分瓦朗吉維爾的敎堂 (Church at Varengeville, Sunset)」和「陰天的瓦朗吉維爾的敎堂 (Church at Varengeville, Cloudy

普維爾鄉村小徑
油彩・畫布　1882年

普維爾海岸
油彩・畫布　1881年　59.7×81cm
美國・波士頓美術館藏

稅務員小屋
油彩・畫布　1882年　60×81cm
費城美術館藏

Weather)」或「懸崖上的教堂、瓦朗吉維爾 (Church on the Cliff, Varengeville)」却是地點相同，只是暮昏雲疊氣氛兩樣而已。

又有幾幅教堂立於懸崖上中央部位的，其中之一爲早晨之景，雖有彎扭之感，但却有遠近之分。此外，同爲1882年之作，有幅題爲「漁夫之家 (House of Fisherman，Varengeville)」和「稅務員之小屋 (The Customs Officers' Cabin at Pourville)」極爲相似。另有「普維爾的漁網 (Fishing Nets at Pourville)」、「普維爾附近的懸崖 (Cliffs near Purville 1882)」——此畫又與同年之「弟埃普附近之峭壁」相仿，也是左右不同——「晨色中之普維爾的海岸、峭壁 (Beach and Cliffs at Pourville Morning Effect 1882)」、「晴日在普維爾的峭壁上 (on the Cliffs at Pourville, Clear weather 1882)」和很多幅普維爾漲潮、落潮的海景。

「草叢中凹陷的小徑」

「草叢中凹陷的小徑 (Sunken Path at Pourville 1882, Road in the Hollow, Pourville 1882)」、「懸崖上的散步 (The Cliff Walk, Pourville, 1882)」等則屬於較爲安和作品。靜物畫方面也有「雉雞 (1880)」或「梨和葡萄 (1880)」等，以水果爲題的畫；而肖像畫則有「麵包店的保羅 (1882)」等。

這段時期，莫內的畫顯得格外歪扭的感覺，這是從來所沒有的。好像是由彷徨、摸索，然後對於強烈的主題，再作一番實驗性之探究，而對於那突出於海中狂浪間之奇岩怪石，以幾近醜怪之態來描繪。

但其徬徨也不僅限於諾曼弟之沿海，就是1883年，在地中海白茫茫的陽光中，或置身於奇態的熱帶植物群當中，甚至1886年在大西洋的貝爾・伊 (Bell-ile) 碧藍的深海和黝黑的礁岩間，在在都可看到這樣的痕跡。1889年在中央高原地帶的庫魯斯 (Creuse) 峽谷所畫的，都可以觸覺到那股自然靈氣所具有的深遠以及富於精神力的智慧，存在於畫幅之中。

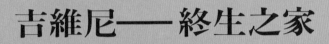

吉維尼——終生之家

吉維尼附近的罌粟花田（局部）

吉維尼附近的罌粟花田
油彩・畫布　1885年　65×81cm
美國・波士頓美術館藏

　　吉維尼也是近於塞納河，而瀕臨其支流艾普特河（Epte
R.）的地方，位於巴黎之西約80公里，在維特尼下游。此後
的43年間，雖然是定居，但爲了繪畫，還是時常作外地的
寫生旅行；像諾曼弟沿岸、巴黎、荷蘭、英吉利、西班牙、
意大利、地中海岸等地，都有他的足跡。

莫內移居到終生之地的吉維尼（Giverny）是在1883年4月。起初是借居，後來就一步一步的把房子（1890）和地（1893）買下來，在經過幾番擴充與經營，終於成爲終老之地。

吉維尼也是近於塞納河，而瀕臨其支流艾普特河（Epte R.）的地方，位於巴黎之西約80公里，在維特尼下游。此後的43年間，雖然是定居，但爲了繪畫，還是時常作外地的寫生旅行；像諾曼弟沿岸、巴黎、荷蘭、英吉利、西班牙、意大利、地中海岸（安蒂浦 Antibes）等地，都有他的足跡。

在彷徨、探索的陣痛中挣扎

1880年代是莫內彷徨、探索、挑戰的時期；雖然在經濟上有漸見好轉之跡象，但對於繪畫却常「不安於室」。他四處奔波，奮鬥於大海與岩石之中，探求地形與光和色彩之間的新的經驗，及構圖與配色的新的可能性。

他在住進吉維尼之後，仍是繼續到處流浪；如1883年到86年間，幾乎每年都會到艾特達（Etretat 塞納河口之北，曾於1886年尾去過）作畫。這個地方，有個極爲特殊的地形──象鼻頭岩和大岩門斷崖。莫泊桑的小說「莫特爾」或「女人的一生」也以此地爲背景，而有「白色的斷崖和白色的小石以及青藍的海……」的開場白。

莫內在這一系列的作品中，所追求的仍是天候、海、天，以及岩肌的變化。如「狂風大浪的艾特達（Rough Sea，Etretat 1883）」與「暴風雨後的艾特達（Cliff at Etretat after the storm 1869-70）」則一動一靜；「艾特達的漁船出海（Sortie de Bateaux de Deche à Etretat）」雖記爲86年，或應是85年之作，日沒的艾特達爲背景，以玫瑰色和淡紫色，澄色畫成，顯得極爲調和。「雨中的艾特達（Etretat, Rainy Weather, 1885）」、「艾特達的落日（Sunset at Etretat 1883）」、「艾特達的斷崖（Cliffs at Etretat）」多幅，以及大岩門（Manneporte）爲主題的作品數幅，有的是漲潮的，有的是風平浪靜，各有訴求。

玻廸哥拉的棕櫚樹林
油彩・畫布　1884年　64.8×81.3cm
紐約・大都會美術館藏

南國的強光

　　1884年的3月，在杜朗・里埃的畫廊，開了一個規模相當大的個展。此後幾年，莫內的重要畫展幾乎都在這個畫廊舉行，而莫內的經濟也逐漸好轉。這一年，莫內到法國南部地中海一帶的安蒂浦 (Antibes) 或意大利之玻廸哥拉 (Bordighera) 作畫。4年後的1888年也再度回來這裡。

　　莫內為了要捕捉南國的強光與色彩，他提高色彩的調子，同時確定色彩明快的對立，以達到光的效果。在安蒂浦的精品，可能是集中在1888年，而在玻廸哥拉，倒有幾幅以棕櫚或橄欖樹為主的作品。　如：「玻廸哥拉 (Bordighera 1884)」是從橄欖樹林間眺望海邊的玻廸哥拉；「沙索的山谷，玻廸哥拉 (Valley of Sasoo, Bordighera 1884)」、「玻廸哥拉的棕櫚樹林 (Palm Trees at Bordighera 1884)」、「檸檬樹林下 (Under the Lemon Trees,

玻廸哥拉的園丁
油彩・畫布　1884年　115×130cm
聖塔・巴巴拉美術館藏

1884)」、「玻廸哥拉的園子 (Gardens at Bordighera 1884)」，可說都以陽光下的植物爲主。

　　這段時期雖然頻頻出遊作畫，但有時也會卸下行囊，在吉維尼或附近畫作；尤其進入1890年代，把繪畫舞台安定在吉維尼，就又有一番面貌出現。1883年畫了吉維尼對岸維爾農 (Vernon) 的教堂，1884年有「塞納河之秋色 (Autumn on the Seine)」和「朱赫西的塞納河堤岸，秋天 (Banks of the Seine at Jeufosse, Autumn)」，這兩幅可說是一對孿生子。1885年作品較少，「吉維尼附近窪地上的罌粟花田 (Poppy Field in a Hollow near Giverny 1885)」，也是當地之作。

荷蘭的鬱金香花田
油彩・畫布　1886年　65.5×81.5cm
巴黎・奧塞美術館藏

荷蘭的鬱金香花田

　　1886年畫的「荷蘭的鬱金香花田 (Tulip Field in Holland)」也很特殊。這一年的4月末，莫內又到15年前曾經旅居過的荷蘭（他曾於1871年從倫敦回法途中經過那裏）。他受到畫迷的邀請，去參觀花田。

　　「……那大得嚇人的花田，開滿了一大片花，這壯麗的景光，足使我這可憐的畫家發狂。要用我們貧乏的那些色彩去表現它，簡直是不可能的事……」，莫內在給友人的信上這麼說。

　　但這也是他再度向難題挑戰的機會。莫內每次在旅行或作畫時，對於眼前的景象覺得表現上越有困難，就越想要去『掌握』它。他把握住機會，把這春天的鬱金香花所呈現的強烈印象，再現於畫布上。

　　這幅畫是迄今所有作品中，用色最為強烈，最具有表現主義色彩的作品之一。在這裏他強調色彩本身的價值，同時歌頌那純粹的光輝。

雨中的貝爾・伊
油彩・畫布　1886年　60×73cm
東京・石橋美術館藏

貝爾・伊醜怪的礁石

　　約10天的荷蘭之旅結束，同年9月，又啓程到法國西部布爾塔紐半島 (Brittany) 的貝爾・伊 (Belle-Ile)。這一帶荒暴的天候和土地，雖然使他動心，但也給他許多苦惱。島上黝黑的岩石，構成了極富野趣的景觀，這景觀緊緊地吸引著莫內的心。在暴風雨襲來，怒波狂浪撞擊礁岩而碎散的光景，讓他覺得製作上有極度的困難，但也擋不住他作畫的熱情。當然遇有天惡而出不了門的時候也會留在家裏作畫，「漁夫波理的肖像」就是在這種情況下畫成的。

　　可能是天候與地形的影響，這段時期的畫顯得格外陰鬱；一向以「描繪明亮的陽光的畫家」而名於世的莫內，竟然「…我現在正熱中於這看來有不吉感的風景，原因不外乎這些和我平日所作的大異其趣；老實說，我必須逼迫我自己，要畫這陰鬱又驚人的模樣，我感到很困難。就如同你所說的，儘管我是個『太陽的人』，但也

不能一味的只限一個調子呀」——畫商杜朗・里埃接到這封信，也不覺有點擔心。

貝爾・伊 (Belle-Ile) 猙獰的礁石，在莫內的畫筆下，各有其不同的世界。依構圖之近似，却也可以歸類為：「貝爾伊・地方礁岩構成的岬角 (Points of Rock Formation at Belle-Ile)」、「貝爾・伊的礁岬 (Rock Herdland at Belle-Ile)」、「狂野的海岸 (The Wild Coast)」、「貝爾・伊的礁石、波・度莫士 (Rock at Belle-Ile, Port-Domois)」「波・哥魯法礁岩構成的岬角 (Point of Rock Formation at Port-Goulphar)」為一類。「貝爾・伊的礁石 (Rock at Belle-Ile)」、「波・柯頓暴風雨的海中角錐岩 (Pyramids of Port-Coton, Stormy Sea)」、「貝爾・伊，波・柯頓陽光下的角錐岩 (The Pyramids of Port- Coton , Belle-Ile, Sunlight Effect)」等，又是一類。其他尚有「怒海 (Raging Sea)」、「貝爾・伊海岸的暴風雨 (Tempest on the Coast of Belle-Ile)」、「雨中的貝爾・伊 (Belle-Ile.Efet Pluie)」……等又是一類。

風景畫中之人物像？

莫內早期或亞爾嘉杜時代，是時常畫戶外人物的；但以後就很少而專注於風景畫。然而，從1886年到90年這一段時間，畫作之中再度有人物像的出現，這也是他畫歷中最後的嘗試。

莫內在1887年8月13日給友人的信中寫道：「我從來沒有像現在一樣地在工作。這是一種新的嘗試——怎樣才能把我所了解的戶外人物像蛻化為風景畫中之戶外人物？這問題時時刻刻苦惱著我；其實這也是我以前一直想要實現的夢想，但實在太難了」。

莫內以前的人物像是把現代生活的風俗情況，以深濃的顏色定形下來的。而現在，他所要嘗試的，則是當作風景畫的人物像。例如：1886年之左右成對的「撐陽傘的女人——戶外人物試作，向右或向左 (Woman with Umbrella Turned to the Right or Left：Attempt at Figure Painting Outdoors)」，作品中的人物是奧西杜夫人的三女兒蘇珊，當時18歲。畫家在畫這幅畫時，一定是邊畫邊想著那幅1875年「散步・撐傘的女人」——莫內夫人和她的兒子——中的亡妻卡謬。他把人物的臉部特徵，盡量消除，使致非個性化，讓他的思念能有所寄託。圍巾的飄動，衣衫的搖擺，草的顫動，傳達了綿密的情愫；在女人背後，有朶朶白雲相呼應。

1886年對莫內來說也有特別的意義。他參展杜朗・里埃所組織的印象

小舟
油彩・畫布　1887年　146×133cm
巴黎・蒙馬丹美術館藏

艾普特河之獨木舟
油彩・畫布　1890年　133×145cm
聖保羅美術館藏

派第一屆紐約展，非常成功，展期應要求而延長。

水草

翌年1887年，則較爲安靜地在吉維尼作畫。莫內的興趣，轉注於小船和河中的水草。莫內讓阿麗絲的女兒坐上小舟浮於河上（當然臉還是模糊），以鳥瞰角度取景，緊縮於主題的周圍，有的甚至於狠狠的框切削掉一部分。

莫內從舟上人物、水面，而注意到水中的水草。「我又發現一件困難的工作，那就是水和在水底搖擺的水草。眼看它固然非常美，但一想要畫它，就要發狂」莫內向友人這麼說。

這一系列水草的畫，其畫題、年代在不同的書都有出入，例如「小（空）舟」的年代，有1890與1887之異，而「艾普特河之獨木舟（或粉紅色的小舟・無人的小舟）」則有1890與1888之別。

樹木

1887年，對陽光與色的變化極爲靈敏的莫內，在吉維尼附近看到了陽光與大地交互影響而呈現的「林相」，也「有感而發」。在順光或逆光之下的樹木，所呈現的富於變化的色彩世界，迷住了莫內。

他發現他所要畫的光輝，透過空氣成爲青藍或玫瑰花色，將成爲印象派最爲重要的彩色法。「在白楊樹下，太陽的效果」與「吉維尼的白楊樹」和

船上的年輕女人
油彩・畫布　1887年　145.5×133.5cm
東京・國立西洋美術館藏

晨霧
油彩・畫布　1888年　73×92cm
艾普特河之彎流
油彩・畫布　1888年　73×92cm

「冬天的樹林」,「維內寇的景觀」,
就連翌年「早晨的風景 (Morning Land-
scape)」、「艾普特河之彎流 (A Bend in
the River Epte)」都有異曲同工的感覺。

大規模連作的開始

藝術家在吉維尼的花園（局部）

藝術家在吉維尼的花園
油彩・畫布　1900年　79×89cm
巴黎・奧塞美術館藏

　　莫內經過了80年代的彷徨、實驗與挑戰的時期，而邁入
了90年代。越來越穩重的大規模連作「麥稈堆」、「白楊
樹」、「盧恩大教堂」，以及晚年的「睡蓮」，相繼完成，而
其「社會確認」之成功，也始於90年代。

魯爾斯附近景觀（白楊樹實景攝影）

莫內繼4年前的玻妯哥拉，1888年的2月到5月，又到地中海沿岸之安蒂浦(Antibes)追求南國強烈的光與色。這回的創作有一共同點──透過近景的樹或樹林眺望對岸。在這些畫裡，呈現著綠色或青藍，都有很重的玫瑰色或赤紅或黃橙的色調來陪襯，這樣的色彩關係，在畫面上到處可見。表面上是在傳達戶外光的變幻，但事實上，這是經過細心安排而成的作品。

以安蒂浦岬角爲題的有：「從沙里士看安蒂浦(Antibes Seen from the Salis)」的數幅、「安蒂浦(Antibes)」、「安蒂浦岬角(Cap d'Antibes)」、「從聖母院看安蒂浦(Antibes Seen from Plateau Notre-Dame)」；而以松林爲主題的，則有以「海邊的樹林安蒂浦」、「松樹林」、「海濱的松林」、「松林下」爲名的畫作多幅，極爲相似；並有一畫出現雙名的(在不同書上)，這可能是後人之誤。

1889年對莫內來說，也是很「歷史」的年頭，他不僅郊遊到法國中部高原地帶的庫魯斯(Creuse)峽谷，去畫那別於貝爾伊裸岩的高地特有的淒涼景象，並且和同年生的羅丹，在喬朱普妯畫廊開雙人畫展，這也是莫內最大的回顧展，作品有145件，獲得壓倒性

的好評，經濟上於是安定下來，並且確立了國際畫壇上之聲名。

莫內經過了80年代的彷徨、實驗與挑戰的時期，而邁入了90年代。越來越穩重的大規模連作「麥稈堆」、「白楊樹」、「盧恩大教堂」，以及晚年的「睡蓮」，相繼完成，而其「社會性」之成功，也始於90年代。

白楊樹──不同光彩訴求

1890年前後，莫內側目於吉維尼附近的白楊行樹。這些白楊樹沿著艾普特河，排立於河邊；在這裡只以空氣、一棵一棵的樹木、和水面，就已經足夠構成一幅好的畫了。他在畫這些白楊樹時，曾因地主要砍樹，不得不花錢求地主延後砍伐，才能完成多件的連作。

吉維尼的白楊樹
油彩・畫布　1887年
私人收藏

這些白楊樹很有規矩地，保持著等距離，順著河流的彎曲、蜿蜒有深度地延伸而去。莫內坐在搭有畫室的小舟，漂浮在河上作畫，以致視點降低，樹尾茂密的「綠團」，連成團團的捲帶，慢慢落入水平線中。又因視點低的緣故，近距離的白楊的樹幹，也突顯了它垂直的動感與「分割」的作用，而造成了裝飾美。除了這些構圖上因素外，不同的天候與時辰所營造的「光」、「彩」，仍是他訴求的對象。

麥稈堆——時辰的轉序寄情

在畫「白楊樹」的同時，莫內也並行製作「麥稈堆」。莫內家的北邊，有一大片種麥的斜坡，這斜坡上在麥子收成之後，麥稈堆得像一座一座的小山，分散在各處。像這樣別無奇特的田園風景，在農民畫家米勒（Jean Francois Millet 1814-1875）的眼裏，是農夫最根源的勞動力象徵；但莫內卻從光和大氣，以及色彩的觀點，來做不同的闡釋。

畫麥稈——散步即興之作

1890年的初秋時分，莫內和奧西杜的女兒一起在斜坡散步時，他看到幾堆麥稈，在朝陽下像是一個個發光的物體在發亮。趕緊叫義女回家把畫材拿來。但畫材來時，他的物體早已變成完全不同的容姿了。不管如何，莫內是一心一意要捕捉這些由於光的效果而改變印象的麥稈堆形相。

本來只打算畫兩幅；那就是「陰」、

麥稈堆
油彩・畫布　1893年　66×102cm

「晴」各一。然而，光的變化是無限而且多樣，對於觀察力敏銳的莫內來說，每一瞬時都有其個別存在的理由。於是，他因應光的效果的改變，而換著畫布來畫。「我所要探求的『瞬時性』，實在是難得近乎絕望」，莫內又向友人告知他的新挑戰。不同的時辰，從事不同畫幅的製作；他可以在同一地點擺上幾幅畫布，說是在「畫畫」，毋寧說是在「記錄」。晚秋太陽下得特別早，很難趕得上這些麥稈堆，有金黃色的，有閃爍發光的，有夕陽染紅的，更有被冬天的冰霜所覆蓋而像又藍又冷的雪堆。

從1890年的秋天到第二年所畫的「麥稈堆」，有24幅以上；從中挑選的15幅，與「白楊樹」的15幅連作，在1891年5月巴黎的杜朗・里埃畫廊展出，曾經轟動一時，一新世人耳目。當時的荷蘭作家維凡克說：「在我而言，風景是被空氣和光所包圍，而不斷地在變化而生存著的。」

1890年以後的「連作」，與過去的「連作」有所不同。它具有二大特徵。一是：同一主題一連的作品構成一個群體，而一起畫成；另一點是：這樣群體當作一個「藝術的統一體」而同時展示。從這一點來看，會有一個重要的意義，那就是在畫室的製作與展覽會。

盧恩大教堂（日落時分）
油彩・畫布　1892－94年
巴黎・蒙馬丹美術館藏

盧恩大教堂
油彩・畫布　1892－94年
麻省・史密斯學院美術館藏

　「麥稈堆」又譯「乾草堆」，那是秋收後，麥的乾稈堆在一起，像台灣的「稻草堆」。

盧恩教堂──善變的面目

　莫內在1890年和1893年，兩度到盧恩（Rouen）畫大教堂；它是在吉維尼和塞納河口之中間。時間都是在晚冬到早春的幾個月，並且幾乎所有的作品都記為94年。這20幅的「盧恩大教堂系列(The Rouen Cathedral Series)」在杜朗・里埃畫廊展出時是1895年的5月，從這一點可知這些連作在吉維尼的畫室製作時，其範圍是如何的廣，並且是如何的重要。

　莫內在「麥稈堆」或「白楊樹」的連作中，展現了光或色彩以及構圖的變化(Variation)；但在這次「大教堂」的製作，在構圖上限制得很緊，差不多佔滿整個畫面的哥德式教堂的正面，呈現了光與色的變化。教堂的面，在太陽的移動之下，光與影也不斷地交錯變動，色彩也在游移之中，從深藍而逐漸一幕一幕地變為眩目的黃色。這種色彩的振動與調和(Harmony)，是比根據視覺觀察而作現實的客觀性描寫，要超越太多太多。

　莫內在初期是極端反對以素描味的筆法，做傳統式，沒個性的「潤飾完工」的工作；但在進到群體連作時期，卻對「潤飾」建立了一個新觀念。他認為「潤飾」並不意味是「滑順」或「細膩」；而是以「完整性」為目的的整理工作。畫布上一層又一層堆積的油彩，畫面一次又一次的修整，一看又粗又厚；其目的，不外乎是在塑造與連作中的其他作品之間的關連性，並且也是把他當時的感覺與記憶，作番完全滿意的表現。

　這大教堂連作，是在教堂斜對面，當時的帽子店二樓的窗口畫的。從1890年罹患風濕痛，在室內作畫既可免除戶外雨雪之侵凌，又可不管天候的變化而隨意製作；並且可能也是「捉」光、影最理想的所在。這些同一構圖，從黎明到傍晚，在不同的狀況下完成的畫，洋洋大觀，可排上30幾張。

日式凸鼓橋及蓮花池
油彩・畫布　1899年　89×93cm
美國・費城美術館藏

凸鼓橋──家園之造境東洋味

　　莫內一家到吉維尼之後的家園，是
在瀕臨塞納河支流叫溜河（Ru R.）的
地方。1890年買下房子和庭園之後，
1893年又把隣接的土地買了進來，開
始正式的規劃工程。他把溜河堵住，
引水造池，在那上面架建一棧弓拱的
日式「凸鼓橋」。水面上浮植睡蓮，岸
邊種了很多垂柳。從19世紀後半，以
法國爲中心而風行到全歐的「日本趣
味」流行，莫內也是沾染最深的一個。
他本人收藏了不少日本浮世繪，就連
他的畫作在構圖上都深受影響。

　　不說上述的日本橋在晚年之畫作
中，是一大主題，就連早期的「橋」，
也隱約看到日本浮世繪名家北齋「深
川萬年橋下」或六花園芳雪「大頓堀
大左衛門橋雨中」的影子；1866年的
「聖達特勒斯的涼台」之與北齋的「富
嶽36景五百羅漢寺(Sazaido)」；1883
年之「艾特達的大岩門」和廣重(Hiro-
shige)的「伊豆的海濱」；1886年的
「波・柯頓(Port-Coton)的角錐岩」和
廣重的「薩摩坊之浦的雙劍岩」；1895
年在挪威畫的「寇爾沙山(Mount Kol-
saas)」，也和北齋「富士快晴圖」有所
味同。

睡蓮
油彩・畫布　1908年　直徑80cm
美國・達拉斯美術館藏

睡蓮——水的表情

　　吉維尼、倫敦、威尼斯這三個以水
繞城的都市，是莫內表現水霧迷濛最
愛。吉維尼的庭園是晚年創作的主要
舞台，從1899年到逝世的1926年為
止，足足有27年間以睡蓮的池塘為畫
題，不斷地從事他的連作。花園、橋
與睡蓮，莫內終於以自己的手，規劃、
建造自己的繪畫主題(motif)。

　　他重覆的畫自己的「庭園」；其實並
非畫睡蓮和橋，而是在描繪反映這些
「水的表情」。

　　然而，莫內也不是只為了畫「水」
而住在吉維尼地方。在塞尚 (Paul
Cézanne) 的眼裡，是一個具有「極銳

利的眼睛」的莫內，其所要畫的是從
對象反射過來的光的波動，通過空氣
而傳達來的印象。這些是起因於像
霧、靄一般含有水蒸氣的空氣所造成
的效果。

　　吉維尼同是屬於塞納河下游所特
有，濕氣特別重的地域；時常因季節
的關係，而出現濃霧；這是選擇吉維
尼長居之地的原因。從1896年直到
1897年所畫的「塞納河之早晨」、「早
晨之霧」，或「吉維尼附近的塞納河支
流」等一連的作品，都很巧妙地把這
種氣象再現出來。

倫敦・查林柯洛士橋（實景）

「倫敦橋」——霧中之倫敦

　　莫內對水蒸氣的關心，越來越深：
1899年秋天（一說是2月），旅居於倫
敦泰晤士河畔的薩伯伊旅館（Savoy
Hotel），從事「霧中之倫敦」的連作。
早在1871年或以後的1900～1901年也
每年到倫敦工作，時間都選在倫敦多
霧的時候。

　　這些連作是以泰晤士河為中心而分
成三種情景來畫。

● 一是：穩重的滑鐵盧橋(Waterloo
　　Bridge)；
● 二是：較輕薄的查林柯洛士橋（或
　　黑十字Charing Cross）和背後的西
　　敏寺(Westminster)橋；
● 三是：隔著泰晤士河的國會議事
　　堂。

　　這些畫在畫室經過三年的製作之
後，其中的37幅於1904年5月展於杜
朗・里埃畫廊。

倫敦・查林柯洛士橋（陰天）
油彩・畫布　1900年

倫敦・查林柯洛士橋（晨光）
油彩・畫布　1900年

77

聖‧喬治馬遮
油彩‧畫布　1908年　65×92cm
芝加哥‧藝術學院藏

聖‧喬治馬遮
油彩‧畫布　1908年　60×80cm
卡地夫‧國家美術館藏

聖‧喬治馬遮
油彩‧畫布　1908年　65×92cm
印第安那‧波利斯美術館藏

「水都威尼斯」——大氣裡的光

　　莫內的一個眼睛，曾在1900年失明將近一個月，以致工作的進度也延慢下來；但「水都威尼斯」還是引起他旅遊作畫的興趣。是年9月末，他陪同妻子阿麗絲在威尼斯作兩個多月的滯留。「水」和含有濕氣的「大氣」與「光」，迷住了莫內；雖因眼疾使他覺得眼前一片「霧」，深深嘆惜這樣的

好地方，怎麼沒早幾年來。兩個月後，因阿麗絲的健康問題而帶著30幾件的作品回吉維尼之後，期望能再度舊地重遊，但終究無法實現。這些作品也是日後在畫室一一完成，乃於1902年挑選29件作品在巴黎的巴爾尼姆君畫廊(Bernheim- Jeune Gallery)展出。

水之庭園──生命之光

莫內晚年的作品中，最重要的應該是吉維尼「水的庭園」一系列的作品群。在這頗具「東洋味」的庭園中，水池、凸橋、紫藤、水邊的垂柳或菖蒲，漂在水面的睡蓮的葉和花，處處引人注目。在四季節氣更替中，花、木應時開展。

莫內說，在池裡種睡蓮，本來只是為了觀賞，並非特地為了畫畫的；但有一天，好像突然被池中的妖精迷住了似的，開始理解睡蓮；以後也就變成「專情」畫睡蓮，而不再「別有所戀」。這樣的剖白是很甜美又富於詩意，當然這不過是一種比喻罷了。

早在1892年就有「日本橋」的製作。但以全副精神去繪畫這「水的庭園」，應是1899年以後的事。普通的畫面是長方形，並且是直的或是橫著畫的；但偶而也有正方形，或圓形的作品。無論如何，其量之多，和質的高，足使世人驚嘆。

把橋、睡蓮、垂柳或菖蒲作廣界的繪畫；或是把小部分作特寫的描繪；在陽光的變化、時間的推移下，細細分開著畫，本來就可以畫出無數的作品；再加上莫內那股至死不渝的狂熱創作慾，遂完成了豐富的不朽的作品。

1908年，在杜朗・里埃畫廊展出「睡蓮」；但1911年妻子阿麗絲病故，1914年先妻卡謬遺下的長男約翰也相繼病故，加上視力的減退（雖然藉眼鏡或白內障的手術來維持視力），這些壓力與打擊，損傷了莫內身心，隨著年齡的增加，對於「形」或「色」，也漸感無法「捉得正確」，而陷於無力感和絕望的困境中。

「失聲的歌手要退隱，經過白內障手術的畫家，應該也可以丟下畫筆了」，莫內向醫師傾訴著人生的無奈。

睡蓮
油彩・畫布　1908年　90×95cm

睡蓮——甜美有如夢幻

在元氣受傷的情形下，莫內還是拼出最晚年的精力，應國家的要求製作「睡蓮」的大壁畫。從第一次大戰開始，一直到戰後的一段漫長時間，他專心工作。最初的計畫是可以得到一筆不算小的報酬，但他為了要慶祝第一次大戰的結束，同時也因為當時的首相克利曼索是他長年的知己之原故，而把這些作品，全數捐贈給國家。

今天，這些大壁畫是掛在巴黎奧倫茱麗美術館(Orangerie Museum)一樓的兩個大橢圓形的房間裡。第一室11張的畫板上構成五個畫面；那就是「夕陽」、「綠之反映」、「樹群之反映」、「雲」、「晨」；第二室則在8張的畫板上形成三個畫面：「晨、垂柳」、「晨、垂柳」、「兩棵垂柳」。這些高有1.97公尺、長共90公尺的巨大畫面，題名是吉維尼的「水的庭園」。

畫的雖是水、雲、垂柳或睡蓮，但絕不是寫實；從形態或構圖或色彩等等觀點來說，都具有相當重的抽象效果。富於裝飾性，兼有夢幻般感覺，好像是悠游於甜美的夢境似的印象，有「仙樂飄飄處處聞」之感。

這種感覺，在莫內後半生的作品裏，也都能體會到；但像這樣能把它彙集於如此大的畫面上，淋漓盡致的

傳達給欣賞者，讓我們不得不再次的肯定高齡的莫內其總合性才能之豐富與確實。

在過了80歲，還和疾病、視力不良

的苦痛相爭鬥，而開始了堪稱是「畢
生藝術之總決算」的大作，雖然在莫
內生前並沒「告成」而停止製作，但
對後世的人來說，已足夠稱為是「曠
世之作」了。

1926年12月5日正午，莫內因嚴重的
呼吸道疾病，在克利曼索的看護下辭
世，享年86歲。

吉維尼的罌粟花田
油彩・畫布　1885年　58.42×71cm
美國・維吉尼亞美術館藏

莫內——色彩印象名畫

光之印象・色彩光輝

翁弗盧的巴奧爾街道（局部）

　　在海濱曬太陽的人群，那股逸樂、活潑的情景，反射陽

光而閃爍發亮的海面；它如：林間女士們耀眼的衣衫；透

過陽光，撒滿遍地黃金的樹葉；這一切歸納爲「輝煌」的

景物，都使得莫內迷醉；晴朗的光的效果，光的印象，對

於莫內是一種魅力！

春陽日柳樹下的少婦
油彩・畫布　1880年　78×58cm

戴紅頭巾的婦人
油彩・畫布　1873年　100×80cm
美國・克利夫蘭美術館藏

在課堂上聽講並不用心，但對於畫老師的像卻極為著迷；把街上那些「大人物」的風采畫成漫畫（諷刺畫），在這方面有特出才能的少年——莫內，為甚麼會走上風景畫家之途？

1856年，比莫內年長16歲的伍傑尼・布丹帶著不足16歲的莫內去作風景寫生。這時，這位前輩的畫中世界，固然也讓莫內傾心，但真正心醉的，實在是橫在眼前的那一片諾曼弟海。

生在巴黎，但從小就移居港街魯阿佛爾的他，當然不可能不知海的魅力。海，時而使他爽朗、抒放；有時，又風暴浪起，黑暗得使人生懼。每當莫內要把這眼前的乾坤，容納於區區畫布上時，大自然展現出驚人的擴張與變化，使得這個畫家頓生敬畏之心。

迷醉閃爍陽光魅力

「天蒼之高雅籠罩著海上」——這是18世紀英國自然詩人華茲華士（William Words worth）對海洋歌頌的句子，但，它對後生的莫內，可能會覺得「尚嫌不足」吧。他敬畏海洋，嚮往海，甚至有死後要「海葬」的念頭。

少年人，對於光輝的追求，看得比甚麼都重要。年少的莫內所要捕捉

的，也是所有存在於他視界中活生生的姿態；那天空明快的光輝，以及它投在大地的反映。

在海濱曬太陽的人群那股逸樂、活潑的情景，反射陽光而閃爍發亮的海面；他如：林間女士們耀眼的衣衫；透過陽光，撒滿遍地黃金的樹葉；這一切歸納為「輝煌」的景物，都使得莫內迷醉；晴朗的光的效果，光的印象，對於莫內是一種魅力！

然而，要把這些光彩的大自然，用畫筆和顏料畫在畫布上時，畫家就會

春光
油彩・畫布　1888年　64.2×91.4cm

在蒙梭公園遊憩的巴黎人
油彩・畫布　1878年　73×54.5cm
紐約・大都會美術館藏

碰上困難了。畫家把幾個顏色在調色盤上混合調好之後，一筆一筆地塗上了畫布，但，從形成的風景畫上，卻找不到眼前實景中所具有的光彩，色澤低落而暗沉。

「外光派」最愛・明快白色

這現象也就是這些19世紀之後半，直接在自然之中描繪，而被稱爲「外光派」畫家們所遭遇到的大難題，但也可以說是一大考驗。在分色鏡或彩

繁花盛開的花園（聖達特勒斯）
油彩・畫布　1866年　63.8×53.5cm
巴黎・奧塞美術館藏

低潮時普維爾的岩石
油彩・畫布　1882年　63.8×79cm
羅徹斯特・大學紀念畫廊藏

虹中得知太陽光的七色合在一起，會成為明快的白色；但畫家使用的顏料則越混越失去彩度，七種顏色等量的混在一起之後，別說「白色」，竟然變成難看而污濁的灰褐色。

捕捉「自然光輝」的方法

莫內和他的同伴就極力迴避這種顏料素來就具有的性質，乃嘔心瀝血的研創一套能捕捉「自然光輝」的方法；那就是「色彩分割」的方法。

這種方法是不先把色料在調色盤上調合，而是把一色一色個別直接的並塗在畫布上，而由觀看者在眼睛的網

拉·葛里諾埃爾的水邊　雷諾亞作

油彩·畫布　1869年　66×86cm
斯德哥爾摩·國立美術館藏

膜上的現象裏，把它們混合在一起。

　　這種方法，最後是得到視覺理論上的擁護，但起初卻是經過畫家們在製作的途徑裏，把一筆一畫的經驗，累積起來而開發出來的。

　　莫內喜歡諾曼弟的海面，或塞納河河面上，那一片閃閃發亮，搖搖晃晃的青色或白色的光；他也愛著在林中

的樹葉或花開的草叢中，那些華麗搖動的紅色、黃色的光；這些光和它相對的強烈的影子，在瞬時性的交錯中更能發揮出它的光彩。同樣的，顏料若把它配置於強烈對比之下，也會相互的提高其光輝。

　　1869年莫內和雷諾亞在拉·葛里諾埃爾的水邊，研創了顏料在互相對比

拉·葛里諾埃爾的水邊

油彩·畫布　1869年　73×92cm
倫敦·國家畫廊藏

的情形下，並塗的「色彩分割」方法。
有了這種方法，意圖捕捉光的印象的
他們，其畫布上的色彩也呈現了光
輝。恰好那個時候，正是生活於名為
「近代」緊湊的社會中的人物，也正
開始追求林蔭、水邊的休閒活動的時
代；光和色彩的輝煌，正也和心的感
動相連結著。

草地上的午餐 馬奈作
油彩・畫布 1863年 210.2×269cm
巴黎・奧塞美術館藏

草地上的午餐（習作）
油彩・畫布 1865年 130×181cm
莫斯科・普希金美術館藏

「草地上的午餐」

　　1863年在美術界有一椿強烈的震
撼，那就是馬奈（Edouard Manet）的
「草地上的午餐」在巴黎的「落選展」
展出。這幅在樹林中野餐的場面裏，
配有全裸的女性的作品，當然是夠大
膽的；但，那把自然與人物的關連，
眞實、大方的，活生生的表現，卻給
莫內強烈的銘感。

　　莫內雖然還是22歲的青年，但已是
一個在外光之下作畫的畫家，對於觀
察自然的光輝，享受光所帶來的喜
悅，已算得上是「老手」了。所以，
莫內也想一有機會要像馬奈一樣，能
把悠游於大自然之中人們的姿態畫起
來。時在1865年，對卡謬產生戀情的
時候，這股願望已無法抑止。莫內在
楓丹白露森林附近的沙伊伊準備了大
型的畫布，開始製作和馬奈同名的「草
地上的午餐」等身大人物的大作品（人

物是等身大）。他不厭其煩的畫了好
幾張要作爲背景的森林景致的畫稿，
並且叫來了未來之妻卡謬和友人畫家
的巴吉爾、比路底埃等人，當作畫中
人物，要他們擺好姿態，畫了好幾遍。
然而，這幅作品實在也太大了，不僅

沒有完成，甚至被拿去當作住宿費的
抵押品；後來因損傷過多，只好分割
為兩部分成為殘缺的作品；本圖是為
了這個作品而畫的小型習作。（另說
是事後縮小的作品，大型畫是被亞爾
嘉杜的房東拿去當抵押。）

草地上的午餐
油彩・畫布　1865年
巴黎・奧塞美術館藏

庭園的女人（庭園派對）
油彩・畫布　1866－67年　256×208cm
巴黎・奧塞美術館藏

「庭園的女人」那爽朗之白

　　一年之後，莫內又開始製作具有同
一意圖的「庭園的女人」；這幅作品並
無說明性的東西。例如：女士們夏衫
的白色調，只是在表現那爽朗的白，
是感念太陽之恩惠的喜悅罷了。較特

別的是為了能畫到上部而挖了一個洞
溝，畫布可以吊上吊下；人物的模特
兒是卡謬一人；並且都在有陽光的時
候才畫。

魯阿佛爾港口
油彩・畫布 1873年 75×100cm
巴黎・奧塞美術館藏

六月夏天，畫海的日子

　　莫內雖生於巴黎，因5歲時一家人移居魯阿佛爾，所以這諾曼弟的港街，也可以說是他的故鄉。生長在海邊的人，其視野會比一般人來得大，並且注意力靈敏，觀察力也較為纖細。有時，海會給人一種平安地擴大至永遠的感覺；有的時候，又輕易地變得極具破壞力的狂暴姿態。

　　他們經歷長久的觀察，終能看清這微妙的變化，而莫內更是其中之佼佼者；不僅是對於大自然具有靈敏的觀察力，並且又是一個能享而樂之的年輕畫家。承得布丹的「戶外製作」的啟示，不僅止於眼前景物之正確描寫，更應該把「風吹到斷崖的頂頭而將飛向海面時的怒吼聲」以及水之清

聖達特勒斯海灘

油彩·畫布　1867年　73.6×102cm
芝加哥·藝術學院藏

冷和空氣乾爽的程度，都要能從光上
面感知得到，而以色彩定著在畫布上
才行。

　　莫內的戶外製作是從魯阿佛爾的港
口，延伸到北郊的聖達特勒斯的海岸

一帶。等啊等，終於等到六月夏天的
帆船競賽的日子，天氣好轉，也有風；
但，北方的海水還是冷冷的，到昨日
還下著雨，使得海濱的空氣還是有點
濕的感覺。

聖達特勒斯的賽船

油彩·畫布　1867年　95.5×101.5cm
紐約·大都會美術館藏

「聖達特勒斯的涼台」

夏末的風也轉涼了，在聖達特勒斯朋友家的涼臺上，有莫內的父親和親戚們在閒聊。畫面上不只在描寫情景，更有一番大膽與苦思溶在畫中。構圖上，水平分爲三段，並用兩枝旗子把畫面直的劃爲三分，以致在各區的畫，獨立而具有平面的力量；更強調了主題的涼臺空間之大。

耀眼的光·鮮明的色彩

這個時候的莫內，當然也關心要如何的把自然中那耀眼的光亮，和鮮明的色彩移置於畫面；除此以外，他在這裏也避免細碎的筆觸和油彩的搓擦，讓個個的顏色保持獨立，而其平面的幅度也儘量放大。每一個顏色都和相鄰的他色要有強烈的對照。紅花和綠葉的蔭影相對；年輕婦人的陽傘

富嶽三六景　日本浮世繪　葛飾北齋作

聖達特勒斯的涼台
油彩・畫布　1867年　98×130cm
紐約・大都會美術館藏

僅用明暗二色來表現，也是驚人的處理法。他應用平面化的顏料的處理和對置法，來強調色彩的鮮明度。他用這樣的方法去把握夏天陽光無窮盡的明亮。

魯阿佛爾的船隻

　　聖達特勒斯是法國要港，位於魯阿佛爾之北郊的街市。莫內畫這幅作品時，其愛人卡謬已身懷六甲，但並沒

魯阿佛爾海灘
油彩・畫布　1870年　47.6×32cm
私人收藏

得到父親的認可，不得不把卡謬留在
巴黎，而來這裡作畫。

　　畫面上是莫內家族在涼台上。前景
撐著陽傘背著坐的是叔母蘇菲，旁邊
的是莫內的父親阿特爾夫。他身體的
方向是越過中央的花壇向著涼台前端
的一對年輕男女，再越過海上的漁船
而射向遙遠的魯阿佛爾港，其作用是
把我們的視線從前景引導至後景，具
有空間的推移功能。那個站著的女性
是堂姊妹的瑪克莉特，男方不詳。

　　海上雖有多艘的船隻，但可注目的
是航行於水平線上的大型船隻，其配
置極為整然有序。這大船的存在，在
在都表示魯阿佛爾港的商業繁榮。再
仔細一看，有四隻帆船和四隻蒸氣
船，交互配置，這或是在反映新舊交
代的過渡情況吧！中景暗色的漁船，
也暗示著聖達特勒斯的蛻變而尚存的
老東西。旗竿上飄著的三色旗，乃是
在表示魯阿佛爾的隆盛與法國的進步
與繁榮。

涼台・海・天空

　　水平線上之船隻是表示魯阿佛爾之
繁榮的話，前景涼台上的，應是潤浴
在繁榮中的中產階級人士之休閒之樂
吧？涼台上也有新舊兩世代的同在，
坐著的和站著的各有所適。阿特爾夫
似有些「心事」，那可能是對莫內與卡

謬的關係的一種不安。進一步應該注
意以俯瞰的視點與以直線為主體的幾
何學的構成。在「涼台」「海」「天空」
的三個領域裡，都各有其平面化的情
勢。

　　一年後，莫內稱這幅作品為「有旗
子的中國風繪畫」，雖說是「中國」，
其實在莫內腦筋裡的，應該是日本的
浮世繪。從這畫可以見到北齋的「富
嶽 36 景　五百羅漢寺」的影子。晚
年，莫內對畫商盧內‧將佩魯說：「當
時，這樣的構圖被認為是很大膽的」。

布其保爾的橋
油彩・畫布　1870年　63.5×91.5cm
美國曼徹斯特・卡力雅藝廊藏

「布其保爾橋」附近風景

　　這裏所畫的是從塞納河中洲的村莊克洛瓦西，通往左岸村子布其保爾的橋的附近的風景；從來沒有一幅畫，能像這樣巧妙的把法國鄉村那種易於讓人親近的氣氛，表現得如此淋漓盡致。晨曦所營造的柔和影子，把乳黃色的道路襯托得更為暖和。在遠遠的深處，可望到的朵朵白雲，也反映在左方的水面，更說明了早晨空氣的清爽。

　　然而，讀莫內傳記的人，一定會注意於橋邊牽著孩子的手的母親背影。莫內已經有長男約翰，這個時候一家正陷在貧窮的深底，瀕臨餓死的邊緣；幸好有雷諾亞之救，才得以活命。

　　藝術家的生活和其作品，有其不可思議的情思牽連，他一定是以愛人之心，愛著風景的。

拉・葛里諾埃爾
油彩・畫布　1867年　75×100cm
紐約・大都會美術館藏

「拉・葛里諾埃爾」

　　拉・葛里諾埃爾是位於巴黎之西，從市中心乘火車30分鐘可到；在從布其保爾沿著塞納而上的左岸，與中洲克洛瓦西島串連在一起的旅遊勝地。字面上的意思是「蛙隻棲息的沼地」，夏天集滿了年輕的男女；水浴場、水上咖啡屋或酒吧、遊艇出租屋，到處都是。1869年的夏天，莫內和雷諾亞結伴到這裡「戶外製作」，畫得很認真，也留下了很多作品。

印象派的色彩分割

　　在現場快活的氣氛當中，面對著水面閃閃裂開來的光、耀眼的女衫、日照樹蔭的陰影，用「粗描」的方法，把這現代風俗當為主題而「大畫特畫」起來。這種粗色條的舖塗，避免了因混色而起的「濁化」，好像自然的那些光輝都毫無遺漏地被捉到畫面上來了。莫內和雷諾亞都肯定了這種方法，這就是「印象派」的基本技法──「色彩分割」於是誕生了。

　　這一幅是莫內所說的〝畫得並不好的粗描〞作品群中的一件；和斯德哥爾摩（Stockholm）美術館所收藏的雷諾亞之「拉・葛里諾埃爾」，是成對的作品，一定是二人並排著畫架畫的吧。

印象・日出
油彩・畫布　1873年　48×63cm
巴黎・蒙馬丹美術館藏

從1871年末尾，莫內借居於塞納河畔之亞爾嘉杜；但爲了籌措生活費，時常回到雙親或親戚所住的魯阿佛爾。心中有此苦楚，但的確也對於故鄉的海，難於忘情。

「日出・印象」・「日出・海」

1873年莫內在面對魯阿佛爾碼頭的一家旅館裡，把眼前朝日映在海面的日出光景畫將起來。以脫離學院派細膩完成的基準，用草略式（Sketch）粗拙的筆觸塗抹的畫面，正是招惹惡評的一大原因。「日出・印象」是參展第一屆『印象派』畫展之作。確實地，在彌漫著朝靄的海面，除了一輪朱紅色的太陽之外，一切都「模糊而無物」，粗略的筆觸抅抹的小艇或波影，眞夠讓那批鑑賞家以爲是對自己的一種侮辱。然而，這確是一幅問題之作，曠世之作。「印象」本來就是模糊的，而在模糊之中，是有物的；而在有、

日出・海
油彩・畫布　1873年　49×60cm
巴黎・私人收藏

無之中，能夠適度地拿捏，真是「捨莫內其誰」了。「印象主義」之稱，也無意中，由這幅作品而產生。

汪洋的氣氛中，畫面背景的左側，朦朧之中可以看出有大型船舶或蒸汽船和貨物船；那些桅桿或煙筒的垂直線，從煙筒冒出的煙，促使了天空生動而活潑。另一背景的右側，則有看似起重機的斜斜黑影，其背後也有桅桿或煙筒。這些在在都有「繁忙的港口」的氣氛，在這樣的氣氛中，一輪朝日冉冉而升。

「日出・印象」──是光和大氣的詩篇，也是普法戰爭結束後之法國的覺醒，與國力回復的頌歌。

「日出・海」

「日出・海」一幅，也是在同一地點所畫，同樣具有那股近似夕陽的安詳氣氛，並且也參展同一畫展，而這作品，日後也產生了頗多的爭論。

1874年莫內和雷諾亞等志同道合的畫友所舉行的畫展（後來所稱之第一屆印象派畫展）中出品的「日出・印象」，是產生「印象主義」名稱之開端，這是眾所皆知的事。但，這幅畫在日後卻招惹了不少問題。

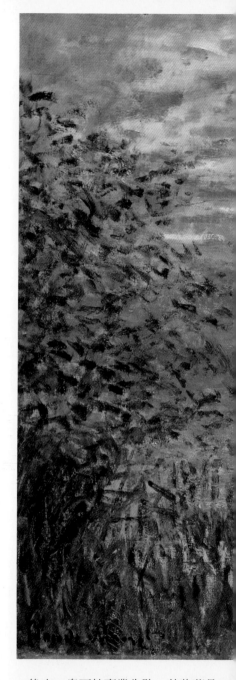

塞納河日落
油彩・畫布　1874年　48×63cm
巴黎・蒙馬丹美術館藏

「日出・印象」？
「日沒・印象」？

　　1957年這幅畫由原來所有者喬朱
杜・貝利奧的遺族捐給巴黎的蒙馬丹
美術館。但隨後就有印象派研究泰斗
約翰里奧羅對這幅參加1874年首屆
畫展的事實有疑問。他認為產生「印
象主義」的作品應該是另有其畫，而
捐贈給蒙馬丹美術館的那幅是1879年
第四屆畫展的作品「霧的效果・印
象」。但，以後經查對莫內作品的會計
帳簿，又證實了「霧的效果・印象」
是和參展最初的畫展的作品同一幅畫
的。

　　1984年波士頓的美術史家保路・達
卡卻有新的說法。他說這幅作品是在
表示普法戰爭後法國國力漸次充實；
同時也在暗示當時莫內意欲發起一種
新的美術運動的意識構造。

　　保路・達卡的解釋是這幅作品的主
題，「日出」應比「印象」要重些。也
和正在勃興的資產階級意識相配合。
然而很奇妙的，為要證實這是參展第
一屆的作品的有關記錄文件，並沒有
「日出・印象」的題名。依據莫內的
會計簿記載，這幅作品是1874年5月經
由畫商杜朗・里埃之介而賣給經營百
貨公司的實業家艾爾尼斯・奧西杜。

　　後來，奧西杜事業失敗，其收藏品
遭到拍賣處分，而由杜・貝利奧購得
這幅畫，而在記錄上這幅作品的題名

是「日沒‧印象」。而在次年第四屆畫
展的時候，就題為「霧的效果‧印象」
了。莫內重新把這作品展示在杜朗‧

里埃畫廊時，或是題為「印象」吧。
　　再者，莫內日後簽這批畫，製作年
時，記為1872年之72，這應該是錯誤。

亞爾嘉杜的帆影

　　塞納河在貫穿了巴黎市區之後，流到亞爾嘉杜附近，河面漸漸寬闊。因此，在19世紀後半，此地就成為帆船、小艇的泛舟勝地。

　　畫面右方是亞爾嘉杜對岸叫普堤哲奴維里的河岸，左方帆船之背後是連接此地與亞爾嘉杜的橋，隱約可見。

　　這幅畫可能是從漂浮於離河岸不遠的河面小船上描畫的。莫內常在漂浮河上的小船畫室作畫，這次畫家盡可能的以單純的手段，把那輝煌、明亮的幻影，直截了當，活生生地再現出來。在白帆、樹木，以及房屋等要素，作水平方向安排的極度單純構圖中，可看到這些要素的現實姿態和它們映在水中成片片斷斷的映像，相互照映極為精妙。

　　莫內1869年在拉‧葛里諾埃爾獨創的水波映光的畫法，在這裡也發揮得淋漓盡致。以大膽粗拙的筆觸，把「色線」一筆一筆分開著塗抹，使得「色」更為鮮明，「光」也更為耀眼。水面的反光有這般美妙，更是少年時代長在海邊的莫內，終生愛水的原因。「浮著浮標，漂遊在海面，那該多好！」，「水」就是他的希望。

考布西尼大街
由彩・畫布　1873年　80×60cm
甚薩士・亞多金士美術館藏

考布西尼大街
油彩・畫布　1873年　61×80cm
莫斯科・普希金美術館藏

考布西尼大街

　　1873年之秋，莫內在巴黎畫了兩幅考布西尼大街的熱鬧街景。作畫地點可能是在翌年開第一屆印象派畫展的——攝影師納達爾的攝影室，對著歌劇院廣場方向畫的。莫斯科的這一幅，可能是參展第一屆畫展的作品。大街上來來往往的人群描寫，曾也招來正反兩面的批評。

「考布西尼大街」裡
金黃色的光

　　對印象派極為苛毒的記者——路易士盧洛瓦嘲笑說：「畫面的下半部是些黑色的口水」；但，也得到知音的讚賞；艾爾尼斯特・歇諾則稱謂：「路上之車水馬龍，人擠人的熱鬧氣氛，以及在塵埃、明光之間的大街搖動著的樹木，這些難以捕捉，轉瞬即息的

羅浮宮河邊馬路
油彩・畫布　1867年　65×92cm
哈阿各斯・吉門德美術館藏

運動的瞬間，都能在這異常的作品中看得到，能把那種非凡的流動性掌握著畫下來的，應屬空前之作」。

波特雷爾（Charles Baudelaire）的評論『現在生活的畫家』中說：「所謂現代性是指具有暫時性的，容易遷移的，是偶發性的。」；莫內正是在實現波氏的美學呀！

這兩張「考布西尼大街」是畫在同大的畫布，而成對的作品（一直一橫）。莫斯科的一張是強調太陽光強烈作用，大街道的右半部被建築物的影子所覆蓋；而左半部則受到陽光照射而發出金黃色的光。

另一張堪薩士市的作品，則太陽被淡藍而冷的雲層所遮，來往的人群也較爲稀疏。但兩件作品，在右邊都畫有兩個站在陽台上戴著大禮帽的男人。那是畫家借這兩個人在表明作畫的位置和俯瞰的角度。紅、藍不同的色調，暖、冷不同的感受，眞是「異曲而同工」。

火雞
油彩・畫布　1876年　172×175cm
巴黎・奧塞美術館藏

「火雞」大客廳裝飾畫

把消失點（地平線）擺在畫面的上部，使得綠色草原顯得極為寬闊。草原裏，紅色雞頭，白色羽毛的火雞，一隻一隻很鮮明地浮突出來。

這裡是巴黎之南，在蒙朱龍地方奧西杜的寬大家園。遠景所見的建築物是樂天布盧城。

1876年的夏天，莫內受實業家艾內斯特・奧西杜之託，畫了四幅要裝飾該城大客廳的裝飾畫，「火雞」就是其中的一幅。其他三幅則為「蒙朱龍城之一郭」，「蒙朱龍之池」，以及「狩獵」。

生活在水邊的喜悅

亞爾嘉杜的紅船（局部）

亞爾嘉杜的紅船
油彩・畫布　1875年　62×82cm
麻省劍橋・哈佛大學佛格美術館藏

　　水邊的自然，超越了想像的精妙，其含蘊之深遠，更能
迷住莫內的心。在莫內繪畫歲月裡，足跡遍及自楓丹白露
林間以及諾曼弟之海邊，在這十幾個地方的水邊，輾轉作
畫；並且再把腳尖伸向泰晤士河畔之倫敦，以及荷蘭之運
河邊，威尼斯水鄉等。

亞爾嘉杜之河堤風光

油彩・畫布　1872年　50.4×65.2cm
華盛頓國家畫廊藏

亞爾嘉杜的塞納河（局部）
油彩・畫布　1875年
59.7×81.3cm

在海邊的風景中，莫內的畫家之眼，被打開了。1859年，本來是要到巴黎去上美術學校的，但除了獲得「交友之樂」之外，這個都市對莫內並沒有多大魅力。或許是水邊的自然，超越了想像的精妙，其含蘊之深遠，更能迷住莫內的心。在以後的11年間，莫內的足跡真是踏遍了楓丹白露（Fontainebleau）林間之塞納以至諾曼弟之海邊，在這十幾個地方的水邊，輾轉作畫；並且再把腳尖伸向泰晤士河畔之倫敦，以及荷蘭之運河邊。

悅心的鄉村——
亞爾嘉杜的歲月

1871年的冬天，莫內移居到離巴黎不遠，塞納河畔的小村——亞爾嘉杜。當年畫家已31歲，長男約翰三歲，和卡謬也在前一年正式結婚，三口一家的生活，必須要有所考慮了。

19世紀中葉以後，產業革命的浪濤，也波及到法國。鐵路、工廠、蒸汽機，以及進步的概念，把人逼進無止的勞動世界，人口也向都市集中。世紀初，只55萬人口的巴黎，僅經半世紀就突破100萬，兩倍的成長真是驚人。「那是欠乏空氣、睡眠，又敗德的人群森林」——1869年的某雜誌如此的形容巴黎。

這時代的中產階級人士之心境，已極為複雜，他們雖然享受著近代化所帶來的物質恩惠，但也徒增心靈的疲憊。尤其是都市生活的人，更感到逼塞之苦，一到週末假日，就往郊外跑，塞納河畔青綠與水的休閒，已成為他們生活的一部份了。

莫內住進來的亞爾嘉杜，正是巴黎郊外的「悅心的鄉村」之一。

從巴黎的聖拉塞搭火車15分就到，沿著塞納河有涼爽的林蔭步道；專為

亞爾嘉杜划船俱樂部
油彩・畫布　1875年　56×66cm
巴黎・奧塞美術館藏

玩水、划船的人而開的俱樂部或餐館，也到處可見。放浪的打扮、自由奔放的生活，本就是20世紀的現象，而印象派的藝術家們的生活樣式，則既有都市人的瀟洒，又兼熱愛田原的自然人所擁有的眞樸。

不管如何，亞爾嘉杜對印象派畫家來說，是極爲重要的地方；它吸引了大部分印象派畫家來這裡畫畫，畫風也極爲近似，並有個共通的表現法。

莫內最大的豐功偉業是直接描繪自然，而把最難捕捉的「瞬間的光的效果」，固定在畫面上這件事。這也是我們一直在強調的。但是，莫內是否像當時已漸形普遍的照相機一樣，原原本本的把自然的現象凝結在畫面，把那流動的時光停留在那裏的嗎？非也！所謂「活於水邊的喜悅」，是在感受自然的精妙的變幻之同時，也能觀看到時光之轉移。

自然並不是以明確的輪廓呈現在畫家之眼前；而是以多樣、善變的容姿，化爲不定形的刺激，不斷的澆淋著他。所以，畫家在畫面上的創作，並非存在於旣定的(先驗的apriori)自然的模做，也不是現象的固定化；而正是對著這些豐富的刺激，畫家那包含眼睛、雙手之作用在內的全副身心的歡喜，所反映出來、活生生的痕跡。基於這個道理，至少，莫內的繪畫是

隱藏在林間的春天
油彩・畫布　1878年　52×63cm
巴黎・蒙馬丹美術館藏

由於自然與人之間的生命之照應而產
生出來的生動表現。

塞納河邊的歡樂

　　塞納河春天的景光。地點是巴黎下
塞納河的河中洲島拉葛蘭哲特（La
Grande Jatte）。秀拉的代表作在1885
年到86年時更以此地為題材畫作的；
本圖對岸的克魯布博亞的街景也時常
在秀拉的作品中出現，莫內對於後輩
的主題有搶先之便。

　　畫中前景樹木的枝椏或新葉，把水
面或對岸的街房，半掩半遮的極富裝
飾性處理，在某一意味來說是「很日
本」的構圖；而色彩的新鮮感，也和
春天的感覺極為吻合。和「日出・印
象」一樣，這幅也同屬於羅馬尼亞人
的醫師喬朱・杜・貝利奧所藏的作品。

亞爾嘉杜的家
油彩・畫布　1873年　60.5×74cm
芝加哥・藝術學院藏

亞爾嘉杜的家前花園
油彩・畫布　1872年
芝加哥・藝術學院藏

亞爾嘉杜的家

　　莫內在亞爾嘉杜所借居的家，離巴
黎只有10公里的鐵路路程，又近於車
站；往南走約一區，就到達塞納河岸
邊。莫內一直是爲探求繪畫的主題，
也因生活之窘困而輾轉各地，過著流
浪的生活。等到移住這裡，他才第一
次體會到能過一個像樣的「家庭」生
活的樂趣。

　　這個村莊，房子是在綠蔭的庭園之
中；四季的花朵，也應著時節，不絕
地開著花。那已開創的「色彩分割」
法，把盛開的花朵描繪得極爲纖細，
像是要把他對家族的親愛作番呼應。
兒子約翰也趕及當時上流家庭的時
尚，穿著女孩的衣服，而在門口的卡
謬，正對著玩轉輪的孩子出聲招呼，
畫中洋溢著一股「甜蜜家庭」的氣氛。

午餐
油彩・畫布 1872—76年 162×203cm
巴黎・奧塞美術館藏

「午餐」在庭院

莫內的家常常有從巴黎來的客人；其中，雷諾亞還是最常和他在一起作畫的人。1870年代的前半，二人的畫風幾乎相接近。本來極受「風景」所吸引的莫內，在這時期所以會把心眼轉向「人物」，其緣故是在於家庭中充滿著孩子的喜氣；除此之外，生來就為人物畫家的雷諾亞，多少也給了他些影響。

然而，莫內的人物，不曉得是何原因，總覺得有幾分孤獨感；而人物之間看起來，也似乎缺少了直接的感情交流，這一點，真是不可思議。莫內到底還是真正的風景畫家。

圖中是莫內家的庭院裡有婦女來客，樹蔭下是剛用過的午餐，人已離開了餐桌，在白色的十字路周圍，是反映天空寬廣的茫茫空間。在這樣的氣氛充足之中，多少含有宇宙性的道理存在。

亞爾嘉杜之橋
油彩・畫布　1874年　60×80cm
巴黎・奧塞美術館藏

亞爾嘉杜之橋

　　在亞爾嘉杜的塞納河上，架有兩座橋；一是畫面上的公路橋，另一座是稍微上游的鐵道橋。巴黎的人群，就是渡過這裡來此地「玩水」。莫內有艘帶槳的小船，上面有蓋著屋頂的畫室。莫內就是坐在這艘小船，漂浮於河面上，停在適當的位置，取景、構圖；由此，莫內所畫的風景，具有驚人的安定的架構，都是出於如此執著的選擇所得。

　　三艘船置於絕妙的位置；以富於質感的厚塗來整修，中部的江面經過細細的分割塗著，更強調了光好像是從水底穿透出來似的。此外，天空以及反映它的前景水面，是用一層明亮的青藍平塗，也讓人感受到清澄的空氣充滿其中。

　　這幅是莫內多幅橋的作品中，特別覺得穩靜的作品。構圖整然有序，筆法細心而精妙；與「亞爾嘉杜之帆船比賽」之既快又大膽的處理法，有明顯的不同。這兩者的比較，可看出莫內表現法之多樣化。

亞爾嘉杜之鐵道橋
油彩・畫布　1874年　55×72cm
巴黎・奧塞美術館藏

亞爾嘉杜塞納河上的橋
油彩・畫布　1874年　60×81.3cm

亞爾嘉杜之鐵道橋

　　亞爾嘉杜之鐵道橋是兩座由巴黎通往亞爾嘉杜的橋之一；是普法戰爭時遭到破壞之後，重新設計，於1872年建造完成的鐵道橋。這座橋上，正有駛往巴黎之聖拉塞站的火車通過。橋是斜斜地配置於畫幅中，而顯著地有後退之感。這樣，不僅強調了其幾何學性，同時也傳達了列車之運動感。

　　然而，畫面右旁土堤的樹叢，其茂密的葉群，把橋的幾何學性緩和下來；並且，沿河而吹的風，把「火車頭」所冒出來的煙吹向左方拖得很長，也降低了它的速度。也就是說，把強力的橋和列車，用自然的綠框圍起來；畫中是：都市與鄉村，鐵道與河，鐵道橋與綠葉群，產業之煙和自然之風……等等對立者之「和解」。

　　此外，莫內的視點設定也極爲巧妙，這附近有裝貨的船塢、倉庫、或工廠，但莫內竟能把它們摒除於畫幅之外。莫內在執筆時，對於這些代表近代產業的船塢或工廠，因無法和河川或自然相和解的東西，「棄之不顧」。這「亞爾嘉杜之鐵道橋」之外，另有同名又同尺寸，而構圖相似的孿生作品；所不同的是河上漂浮著象徵巴黎人遊樂的帆船，午後強烈的陽光，把鐵道橋的橋墩照得鮮明光亮，把近代與自然之間的衝突，處理得更抒情，更和諧。

亞爾嘉杜原野之白楊樹
油彩・畫布　1875年　54.5×65.5cm
美國・波士頓美術館藏

夏日罌粟花田野
油彩‧畫布　1875年

陰影也有色彩存在

　　有人說印象派的畫家是不畫影子的。從技法上來說，的確是如此。過去的畫，是畫在焦褐或灰色打底的畫布上的，這種事實，也意味著繪畫是從影子的部分開始畫起的。以景物固有之顏色，調混黑或褐色來強調陰影部分，是最容易表現立體化的方法。

　　莫內純真的自然觀察，認識了事物的陰影部分也有固有的色彩存在；這可以說是劃時代的發現。但是，莫內的繪畫，並非「光充滿在世界的每個角落」的教條式又平均化的境地，而是如同存在於廣大空間的「光之中的黑洞」一般的充足，或如同在逆光之中的人一樣，具有孤獨的充足；諸如此類，孕育成極富於個性的境地。

「亞爾嘉杜原野之白楊樹」

　　這幅畫另有畫題是「夏天之原野」(The Summer Field)，並有一幅「夏日罌粟花田野」(Summer, Field of Poppies‧1875)，構圖都極為相似；只是沒有右方前景的八、九朵大紅花，而人物則左下有二童，近樹下的婦女是撐傘的。莫內的畫若不細相比較，常會有「雙包」之爭。

週日的亞爾嘉杜（局部）
油彩・畫布　1872年　60×80.5cm
巴黎・奧塞美術館藏

亞爾嘉杜花園中打陽傘的婦人
油彩・畫布　1875年

劍蘭
油彩・畫布　1876年　60×81.5cm
美國・底特律美術館藏

撐著陽傘的女人（散步）
油彩・畫布　1875年　100×81cm
華盛頓・國家畫廊藏

戶外人物試作（向右）
油彩・畫布　1886年　131×88㎝
巴黎・奧塞美術館藏

戶外人物試作（向左）
油彩・畫布　1886年　131×88㎝
巴黎・奧塞美術館藏

戶外人物以卡謬爲對象

　　莫內從1860年就對戶外人物像下了工夫，而到70年代，也還是斷斷續續地繼續著。他是以妻子卡謬爲試驗之主要模特兒。在這幅畫中，她是和兒子約翰一起登場的。由於仰角的視點安排，顯得極爲生動而感人。她的全身像，是以白雲飄行的寬闊天空爲背景，好像是剛注意到這邊有人的存在，左顧而向我們投下了驚覺的一瞥。這一瞬的動態，也藉由輕輕飄過臉龐的灰色薄紗暗示出來；不僅如此，那飄飄的面紗，也能讓人感覺到風的強弱。

　　此外，卡謬這種印象深刻的身段，也能讓人連想起在「卡謬或綠衣的女人」或「紅色披肩・莫內夫人肖像」等作品中的姿勢；和她相對的是約翰不動的姿態；也有「動」、「靜」之平衡。

　　莫內這動作快捷而畫成的畫稿味作品，曾在76年的第二屆印象派畫展中展出；這同時，有另一幅以卡謬爲模特兒的巨大作品「穿和服的女人」也一起展覽。而1886年的「戶外人物試作・向左」，也有幾分相「識」。

穿和服的女人
油彩・畫布　1875年　231.5×142cm
美國・波士頓美術館藏

穿和服的女人（局部）

「日本女人」東洋趣味

莫內是一個極為愛好「日本味」的畫家，從早年（1871）起收集了不少的浮世繪，並且，日後的繪畫構圖上受到了極深的影響，對於有這幅作品之出現，應是「想當然耳」。

雖然如此，在莫內的作品中，會把「日本趣味」表現得如此露骨的，卻是空前而絕後。和製作這幅畫的1875年前後的所有作品相較，其高度超過2公尺30的大畫面，或在室內人物像為主題這點，或其高度精細的修整和印象主義描法之不同這點來講，這幅作品可以說是極其例外的。

卡謬與愛兒在花園裡
油彩・畫布　1875年　55.3×64.7cm

綠衣的女人（卡謬）
油彩・畫布　1866年　231×151cm
布雷門藝術館藏

　　這曾被莫內認為是「破爛貨」或「反
常之作」，是有要和「綠衣的女人（卡
謬）1866年」成對的意圖。確實兩幅
畫是有其「成對」的共同點存在。在
尺寸上是差不多大小，而都是卡謬為
模特兒的立像；其二是「日本」與「西
洋」的對照性；而最重要的是兩者成
對的要因中衣裝所占的「份量」。

「綠衣的女人」西洋風格

　　兩作品中之主角，其實並非卡謬的
人，而是其所著的「衣裝」，其中衣裝
之描法更是特殊，衣裝的材質感之生
動，足教人想去觸摸。此外，兩衣裝
之顏色，「綠衣的女人」的「綠」和「和
服的女人」的「紅」，則有補色的關係。
　　莫內雖叫這畫為「破爛貨」或「反
常之作」，但畫中確有幾分諷刺的要
素。莫內特意叫稱為「日本女人」的
卡謬戴上金色假髮，手執有法國國旗
意味的扇子，以強調日本和西洋的齟
齬。而一向是憂悒表情的卡謬，在這
裡竟然是難得的微笑，這一點也可以
算得是奇妙。

聖拉塞車站・列車到站
油彩・畫布　1877年　82×101cm
劍橋・哈佛大學佛格美術館藏

「聖拉塞車站」列車到站畫面

　　聖拉塞車站是莫內來回巴黎與亞爾嘉杜之間，所必須下站之地，也是當時巴黎六個火車站之中，最大的一個。莫內住在亞爾嘉杜有六年，其間與巴黎之關連無一日間斷。1877年1月，莫內得到站長之許可，乃在車站內作畫。在車站之東長途線用的大列車車庫、郊外線更大的車庫內、或車站內不同地點，他架起畫架畫畫，前後完成了12件作品。這些和亞爾嘉杜之鄉野世界全然不同的主題，是一批富於「都市」「產業」世界意象的作品。

　　這幅是畫郊外線列車車庫內景的兩幅作品中的一幅，另一幅是藏於奧塞美術館。兩幅之構圖差不多，可成為一對；其描畫的不單是列車，而是車站的構造，更是展開在那裏的一切活動與現象。

　　具有勻稱作用的頂棚架在中央，其支柱從左右以等距離的位置，垂直地立起。這種帶有古典的均衡感構圖，也在表示當時的設計師烏哲奴佛拉西嶄新的建築精神。這位社會主義者，巧妙的使用鐵的支柱和頭頂上的樑，以構築寬大的架徑（pan），並以巨大的天窗貫穿。

151

聖拉塞車站
油彩・畫布　1877年　75×110cm
巴黎・奧塞美術館藏

奧塞的「聖拉塞車站」

　　奧塞美術館的那一幅作品是明亮的陽光透過天窗而投照於軌道上，以光和大氣把硬塊軟化。而這幅則是陰天的早晨或午後帶有青色調的灰色光佈滿畫面；剛到站的「火車頭」吐出的大量的煙，把明晰的構造，薄薄地遮隱下來。這一連的產業意象之作品，應是絕後之作。

維特尼悲冷的冬天來臨

　　1878年，莫內的生活是「處處烏雲」。剛過完年的冬天，因窘於房租，而不得不搬離亞爾嘉杜的家。而在暫住於巴黎時，次男米契爾出生，妻子卡謬的健康狀況也壞了起來。夏天的終了，得馬奈之援助而借居於維特尼——一個離巴黎有70公里遠的地方，當時要一整天的車程才能到達。加上顧客之一的實業家奧西杜因破產，也帶著妻子阿麗絲和六個孩子，來和他們同居於一個小小的家。翌年1879年的9月，妻子卡謬因癌症病逝。

「塞納河之落日」

那一個多天，冰雪彌蓋了維特尼的村子，世界變成一片暗沈的灰色，眞是「人情慘酷，天地也無情」。莫內從漂浮在塞納河上的寒舟，畫了這幅畫。多天的末尾，塞納的河水氾濫到岸邊，崩潰的冰，透出冷光；以《印象‧日出》風靡一世的畫家，這時，竟畫起「塞納河之落日」來。

莫內是個「感覺」的畫家，但在這個多天的景色中，不是也有股悲歌之音嗎？

塞納河之落日
油彩・畫布　1880年　100×152cm
巴黎・小皇宮美術館藏

夕陽
油彩・畫布　1880年

解冰
油彩・畫布　1880年　72.5×99.5cm
利利美術館藏

伊珊馬丹的罌粟花小徑
油彩・畫布　1880年　80×60cm
紐約・大都會美術館藏

莫內家的庭園
油彩・畫布　1881年　150×120cm
華盛頓・國家畫廊藏

伊珊馬丹‧初夏的風

　　伊珊馬丹 (Ile Saint-Martin) 是塞納河的河中洲島，與維特尼「遙遙」相對。在這一帶有遍野的朱紅色罌粟花，開得像一片紅海；莫內曾經畫過帶著兩個孩子的卡謬正在摘花的情景。那些罌粟花，正蔓延到麥田裏，使得原野的小徑旁呈現出紅綠的明快對比。這樣的綴色，正是鼓舞莫內的自然所具有的魅力。

　　初夏的風，吹過白楊樹嫩綠的樹葉。從雲隙間透過來的日光，把維特尼的村子照得光亮無比。清澄的空氣帶著幾分花草之芬芳。莫內再度純樸地感覺了自然，並且歌頌那陣喜悅。

白楊樹下・太陽的效果
油彩・畫布　1887年　74.3×93cm
修特烏多卡爾多・國立美術館藏

阿麗絲，也充當模特兒

卡謬死後，由阿麗絲・奧西杜繼承了莫內一家的主婦職，而她的幾個女兒也充當了莫內作畫的模特兒。站在白楊樹的薄蔭下撐著陽傘的女人是阿麗絲的三女兒蘇珊。這個時候的莫內，發現到在逆光的樹木中，有著既巧妙又富於變化的色彩世界而讓他著迷。

「這個我想要畫的光輝，似乎不太像是這個世界的光；由於它的出現，或可驚動素來敵視著青色與玫瑰色的那些傢伙吧？」莫內在給杜朗・里埃的信中，這樣的寫著。從身邊的空氣的感覺中，發現了這種透明的青藍或玫瑰色，是件創舉，更是成為印象派最為重要的彩色法之一了。

普維爾的懸崖上散步
油彩‧畫布　1882年　65×81cm
芝加哥‧藝術學院藏

普維爾‧大西洋沿岸風景

1882年莫內曾旅滯面對英法海峽的諾曼弟地方。3月17日他給阿麗絲的信中，除了讚嘆這裡的景觀之外，希望她和孩子們都能來此同住。不久，這個希望也終於實現了；他們從6月17日到10月5日共居於普維爾。這幅畫「可能」是那時畫的。因這段時間莫內是奔波輾轉於大西洋沿岸的弟埃普(Dieppe)、普維爾、瓦朗吉維爾(Varengeville)等地，似同的風景到處都是。

從畫面上看，說是早春，莫如更有盛夏的感覺。崖上的女性可能是阿麗絲和她的女兒，但也可能是不期而遇的路人。在明亮的陽光下，海上的帆船漂浮著，疾駛著；吹來的風，撫動了崖上的花草，細碎地顫抖著，筆觸極為精緻。

這時期，莫內的畫風是把風景畫中之人物的任務，減到最小；然而，這幅畫中，撐著陽傘的女人，其姿態會讓人想起75年的「散步‧撐著陽傘的女人」；同時，也在預告86年的「戶外的人物試作」。(前面已提示)

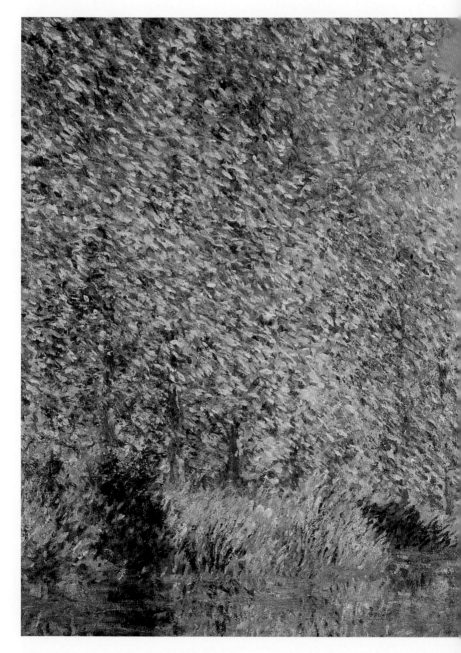

吉維尼・高長成列白楊樹

離開「傷心之地」維特尼之後，在普瓦西暫住一段時間，然後在1883年，又搬到吉維尼來，其位置是在比維特尼更爲下游（塞納河）的地方。艾普特河是離村子不遠靜靜流注塞納的一條支流。在這條河流的兩岸，莫內看到了在日光下燦爛發光，高長成列的白楊樹。「我極欲能把如此生動的感覺表現出來」——是讚嘆，也是期許。

莫內要畫的目的，雖只這樣簡單，然而要實踐起來，卻是必須要有天賦的觀察力和熟練的技法。在具有超凡敏捷的揮筆動作與色彩的對比安排下，確確實實地捕捉到在樹葉的表裏振動著的光，使得白楊樹成爲活生生的東西了。

在低視點下，河面只佔小部分，相反的，對岸茂盛的樹木卻佔了畫面的大部分。反照陽光而閃閃發亮的樹葉的纖細描寫，更提高其豐饒；視點之設定，不僅是低，尚且極盡的巧妙。由於把焦點置於河流之彎曲，可感覺到畫面所具有的遠近感，並且把注意點導引到一個既涼爽又安穩平靜的天空。此外，在看來似狂躁的樹葉背後，垂直的枝枝樹幹，卻配置得井然有序，使得整幅畫安靜穩定而有秩序。

六十餘州名所圖會：薩摩　坊之浦　雙劍石
日本浮世繪　歌川廣重作

艾特達的大岩門
油彩・畫布　1883年　65×81cm
紐約・大都會美術館藏

大岩門漁船出航
油彩‧畫布　1886年　66×81cm
莫斯科‧普希金美術館藏

大岩門‧排列組合嘗試

　　1880年代是莫內的一大轉機時期，是新的摸索和實驗的時代。他幾乎每年都要出外旅行，尋求不同的地形、光、和色彩的新經驗，以期在構圖、配色方面有新的可能性。艾特達掉入海中的斷崖，既生動又富畫趣，無疑是19世紀風景畫家所喜歡的地方，當然是莫內當時極合修煉目標的場地。

　　當地有兩個岩門，一大如巨人的腿，另一則小如小寸丁的腳，兩個都突出於海中，其實大的更讓人想起巨象的鼻子。又有一如竹筍的岩石，從海中伸出。這三者，經莫內的「排列組合」，一一在畫中出現。其中，這個

大岩門附近
油彩・畫布　1886年　81×65cm
紐約・大都會美術館藏

大岩門的怒海
油彩・畫布　1883年　81×100cm
里昂美術館藏

大岩門附近海岸
油彩・畫布　1883年　66×81cm
巴黎・奧塞美術館藏

「大岩門」斷崖・怒海

「大岩門」在此系列作品中應是最注
目的。這兩座岩門斷崖都逼近海水之
中，兩者之間是狹窄的海濱，莫內只
能靠著小舟或冒險爬下斷崖才能到達
此地作畫。畫中那像是巨人叉開兩腳
站立著的岩門堂堂之態，和怒海雲天
形成絕妙的對照，產生一幅強勁有力
的構圖。

可讀時辰的畫

麥稈堆・夕照（局部）

麥稈堆・夕照
油彩・畫布　1890—91年　73×92cm
美國・波士頓美術館藏

　　從「麥稈堆」開始，諸如「白楊樹」、「盧恩大敎堂」、「塞
納之水流」、「倫敦泰晤士河」以及「睡蓮」等連作，每一
幅作品，都在執拗地刻畫著時刻。但是，同時也正表示那
所刻的瞬時性印象，並非各自的終結，乃是會回歸再來，
逝失復歸，永續而不絕的。

盧恩教堂清晨
油彩・畫布　1892－94年
埃森・福克華美術館藏

白楊樹・落日
油彩・畫布　1891年

莫內租居於吉維尼是1883年的事。一個附有廣大庭院，並且有果樹園的農家，成為他「倦鳥歸巢」的終生安居之地。起初是租借，後來逐步買了下來，規劃成一個藝術樂園。

吉維尼・終生安居之地

　　吉維尼距離巴黎有80公里左右，與維特尼同樣靠近塞納河，但較為下游；從那裏到港街魯阿佛爾約有150公里的距離。雖然和維特尼時代就有同居之實的阿麗絲・奧西杜正式結婚是1892年，但為了眾多孩子的教育考量，住家要鄰近學校較為合適。

　　然而，莫內選中吉維尼的重要理由，是在於吉維尼的風景。莫內的家位於塞納的東側，院子的前面是一片由小麥田和罌粟花田所連成的廣大平野。在這平野中，塞納河的支流悠靜地流著。河邊盡是白楊、水柳、菩提樹和萊姆形成的樹叢，翁鬱可愛。

　　這原野的盡頭就是塞納河，它像舒暢地攤開著的一面鏡子，映照著河邊茂盛的巨木的影子和天空的亮光，構成一個深遠、朦朧的玄妙世界。

　　再者，在任何季節，從莫內家眺望出去的風景都呈現逆光情景。沿著塞納和遠處的丘陵所構成的緩和軌道而移動的太陽，一天之中所投下的光線，每時每刻都不同，使得背景的綠丘、塞納的水面、排排的白楊樹，以及田裏的麥稈堆所現出的色彩，變幻無窮，令人叫絕。

　　「逆光」在透過某一對象時，會促成色彩產生妙不可言的變化，而造成半透明的獨特空間；有時，又會造成驚人的深奧無底的陰影。曾經是喜愛光的明快反映的莫內，現在對於更精妙，更具有神韻的光，產生了一探究竟的欲念。畫家在自家的庭前，發現了和過去漂泊各地所發現的完全不同本質的主題了。

麗內寇冬景中的樹木
油彩・畫布　1887年

逆光・不同光源美感

　　1890年的初秋，莫內和奧西杜的女兒，在住家北邊的斜坡上散步時，他發現了在晨曦中，一堆麥稈像是自身會發散光輝的發光體一樣，出現在眼前。急忙差從家裏帶來畫具時，剛才的物體，早已變成另一種完全不同的容貌了。無論如何，這種因光的效果而改變印象的「麥稈堆」（又譯乾草堆），是非把它畫下來不可的──莫內這樣期望著。本來是只要畫兩幅，一幅陰天，一幅晴天的；但是，光的變化無窮而多樣，在莫內敏銳的觀察力下，這個物體卻從時段中分裂出來，僅以瞬息性的姿態存在著。

　　他在給友人哲夫羅瓦的信中說「我想要把正在尋求的『瞬時性』捕捉到，但卻會因太過困難而瀕於絕望」，「又因晚秋，太陽落得很早，以致無法趕得上」。到底莫內連作的本意是否只要在捕捉自然的瞬間相貌而已嗎？結果，莫內從1890年的秋天到第二年，畫成了24件以上的麥稈堆；從中挑選15件展覽於1891年5月在巴黎杜朗・里埃畫廊舉辦的個展。當時的荷蘭作家比凡克談論道：「對於我來說，『風景』是被空氣和光所包裹著，持續地在變化而永生不息」。

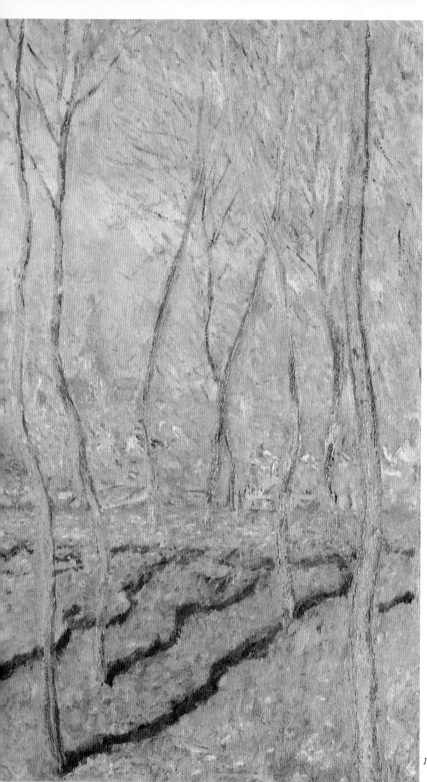

夏末麥稈堆（朝陽的效果）
油彩・畫布　1890年　60×100cm
巴黎・奧塞美術館藏

系列連作・瞬時性印象

　　從「麥稈堆」開始，諸如「白楊樹行子」、「盧恩大教堂」、「塞納之水流」、「倫敦泰晤士河」以及「睡蓮」等等連作的每一幅作品，在在都執拗地在刻畫著時刻。但是，同時也正表示那所刻的瞬時性印象，並非各自的終結，乃是會回歸再來，逝失復歸，永續而不絕的。

記錄光的效果而作連畫

　　要追究莫內是從那年那月開始製作「連作」，是件毫無意思的事。他早自1864年左右，就有同一的對象畫兩幅，或有複數作品的作業紀錄，並且一直繼續下來。這種獨特的製作法，完全是在記錄光給對象（物體）帶來的效果的差異。而1890年的初秋，在住家前面發現的麥稈（乾草）堆的印象，也是那個時候就培育而成的觀察眼所發現的當然結果。那為創造而不厭不倦的精神，不時有新的變動，一再的革新。

麥稈堆・反射的閃耀光

莫內在1890年的「麥稈堆」中，已把1880年代經競爭、反撥而發揮魅力的色彩（使用）法，拋棄不用；對於物體表面所反射的閃閃輝光，也不太去關心了。那種光，因過於強烈、純粹、透明，以致於讓附近的空氣和空間，提升爲沒有餘地可容納感情的宇宙性而具有「空白充足」的狀態了。

1890年的「麥稈堆」，在筆觸上更爲纖細，顏色與顏色之間，削弱了對立而更爲協調；由是蘊釀成一股難能抗拒的魅力。因此，光的印象變成錯綜複雜的「東西」，空氣也變成讓人的感情能溫和地透過的「以太」了。雖然莫內自己把那風景說明是「被空氣和光所包進去」，但不如說是「光」滲透物體的表層，把它變成有機物的容貌，而顯得極爲強韌具有發酵力。

這幅現藏奧塞美術館被推測是連作最初的作品，畫面上可見晨光是由東，也就是從畫面左側射過來的。沿著遠處山丘的稜線，太陽以光線記錄著時刻；右端看得到的濃色屋頂，是和莫內家連排的房子。莫內被「麥稈堆」迷上之後，特別去拜託農家不要收進倉庫，好讓他有足夠的時間畫畫；結果，他整整地畫了將近一年。

秆堆
彩・畫布 1890-91年 66×92cm
加哥・藝術學院藏

光照射下的雪景
彩・畫布 1890-91年 65×92cm
國・蘇格蘭國家畫廊藏

照下的雪景效果
彩・畫布 1890-91年 64×100cm
加哥・藝術學院藏

中的麥秆堆（陰天）
彩・畫布 1890-91年 66×91cm
加哥・藝術學院藏

秆堆（冬天・清晨）
彩・畫布 1890-91年 65×92cm
國・波士頓美術館藏

麥稈堆（寒冬）
油彩・畫布　1891年　65×92cm
紐約・大都會美術館藏

麥稈堆（秋季日暮）
油彩・畫布　1888年　65×92cm
日本・埼玉縣立近代美術館藏

麥稈堆（夏末）
油彩・畫布　1890-91年
芝加哥・藝術學院藏

單調乾草堆變成光彩的海

　　從丘陵的這邊看過去的麥稈堆，的確都處於逆光之下，這也就是「連作」最大的意義所在。莫內的眼睛到底是怎麼作用的，竟能把那單純的乾草的壟塚，看成爲光彩的海。這除了歸爲神秘之外，只能說是以暗爲基準來看東西時，人是處在光之中，而可以看到異常的色彩。塞尙對於具有這樣靈異眼睛的莫內，評爲：「莫內只不過是眼睛罷了，但，到底是怎樣的眼睛啊！」。

白楊樹・阿拉伯風裝飾美

在「麥稈堆」裏，觀看人的行為，早已超脫視覺機能，像是來到一個以「心靈」的姿態出現的世界。由於這緣故，事物之客觀性性格（假如有的話）——譬如像物理性構造一類的東西——好像早已從畫面上完全的消失掉了。

在同一時期，莫內也著手製作長在塞納河支流艾普特河畔的白楊行樹的連作。這些沿著蛇行的河流而極有秩序地排列著的白楊樹，呈現出阿拉伯風（Arabesque）之裝飾美，彎曲而具有深度感。莫內是從浮行水上之小舟的工作室在作畫的，因此，視點顯得很低；而遠處的白楊樹卻向岸邊水平的帶狀綠叢中緩緩地降落、沒入，極

富動感。又因為低視點之故，使得在最近處的白楊樹幹垂直的動感，也被強調出來。

例如這幅大都會美術館的作品，則大膽地把畫面縱的分割為五，顯現幾何圖形之美。1892年的展覽會，看了這些連作的作家渥克他夫・米魯波，稱讚道：「莫內已到達大膽的裝飾美境地了」。其實，不僅限於這些作品，在莫內的大部份作品裏，都內藏著相通於日本浮世繪強力的遠近法，和強有力的構造，而米魯波只是以「裝飾美」一詞把它點摘出來罷了。

要說『大膽』，已經沒有別的能比「麥稈堆」、「盧恩大教堂」的構圖更為大膽的了。

白楊樹（陽光下）
油彩・畫布　1891年　92×73cm
東京・國立西洋美術館藏

白楊・三棵玫瑰色的樹（秋）
油彩・畫布　1891年　92×73cm
美國・城費美術館藏

　　這兩幅是在同一地點畫的，在構圖上可以說是「別無異」，但在色彩上卻「大異其趣」。夏天的『綠』，和秋天的『玫瑰色』，也都由樹幹和葉叢編織成爲「透花模樣」。而兩者都可以看出大氣變量（variation）之豐富，也都藉由色彩之調和而表現出來。

　以上數幅作品是屬於套組作品。不
同時候有不同的風貌展現。

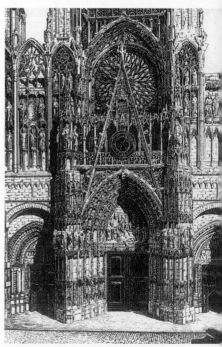

盧恩大教堂實景　A·哈丁作
油彩·畫布　1892—93年
盧恩大教堂正面
油彩·畫布　1892—94年
巴黎·奧塞美術館藏

盧恩 (Rouen) 大教堂·
是眼盲下的色彩？

「莫內只不過是眼睛罷了，但，到底是怎樣的眼睛啊?!」——對這一句塞尚的名言，到現在的評論者有很多不同的闡釋。在這裡，我們要再度的確認像莫內這樣的畫家，並非只想把眼睛所感受的畫下來而已。他要畫的是自己喜歡的，愛著的；假如喜歡著的、或愛著的是發自人的感情的話，在莫內的繪畫之中，應該說是投入了強烈的感情的。

藝術家的心象

然而，藝術家與描繪的對象之間所產生的相關感情，和一般人對花鳥風月所抱的情緒是有極大的不同。所謂藝術家，在某種意義來說，是把自己的感情，投入對象之中。作爲藝術家的「人」和當作對象的「自然」之間，並不是處於對峙的狀態，而是成爲存在於同一領域的一種現象，彼此無法分離的。就是這個緣故，要從他作品之中所表現的「色」或「形」裏，去分開的想，那是『自然的現象』？那又是『藝術家的心象』？是件既無謂又不可能的事。莫內把麥稈堆畫成紅的時候，那就是紅的呀！由是，我們也被帶進了奇異的世界裡去。

盧恩大教堂的正面
油彩・畫布　1893年
巴黎・奧塞美術館藏

盧恩大教堂
油彩・畫布　1893年
巴黎・奧塞美術館藏

　　莫內認爲：假如自己生來就眼盲，
而有一天突然看得見了，那麼一定會
把自然表現得更爲眞實的。他極怕會
因習慣性的去看待事物，討厭依理論
或觀念去解釋事物。或許，最能率直
的表達莫內那種純粹無垢的見解的，
該是「盧恩大教堂」的連作了。

大教堂・自然永遠的循環

　　盧恩位在巴黎與魯阿佛爾之間，是
莫內時常經過的地方。對著這哥德式
建築的大教堂，看到投射在無機的石
壁上的光影，莫內在心中能夠確定的
預感到：應該是能以最純粹的態度去
捕捉它的變化；時爲1892年的2月。這
樣說，不如說是這個時候的莫內認
爲：一切繪畫對象的事物，是以變遷
著的光的姿態存在於吾人眼前的；他
計劃把這大教堂用幾幅畫把它當作變
容的一個實體定像下來。

　　然而，個個的畫面無論如何都非把
光的「瞬間相」捉住不可；就如同在
向太陽的運行、大氣的變化去挑戰似
的，疾速的揮動著畫筆，如此筆觸也
就讓還不能消化的生而不熟的油彩透
露了出來。碰到這樣不順手的處理，
有時會發脾氣而陷於絕望。雖是如
此，終也完成了30數幅的連作。在1895
年的展覽會上看了這些作品的首相克

盧恩大教堂・阿魯巴奴鐘塔部份擴大圖（局部）

利曼索在驚嘆之餘說：「若是這位畫家，就是一千張，不，一輩子所經歷的秒數的作品，也一定畫得出來的」，讚佩之意，表露無遺。

從黎明到日落
從陰天到晴天

從黎明到日落，從陰天迷霧的天上到晴天的正午時辰，莫內把循環不息的瞬間印象捉著不放，把那超凡的感覺保持起來；強韌的忍耐力，投入於這種特異的感覺之中，不停地工作；而「大教堂」好像把時刻告知觀賞者，告知人們「自然永遠的循環」。

莫內把油彩一層又一層厚厚的塗積起來，讓石塊的質感充分的表現出來，同時讓這些堅硬的石塊也溶入那茫茫的半透明的陽光中。

在莫內花了三年所完成的二十幅連作中，其視點偏右的較多（大門的左前方），這幅則較為接近正中。

一系列的作品中都微妙地表現著光的變幻，然而大體來說，都以冷調處理，這或是在表示主要是在2月到3月的冬季期間所製作的吧。

黎明時的盧恩大教堂正面門口和阿魯巴奴鐘塔
油彩・畫布　1893年　106×74cm
美國・波士頓美術館藏

充滿陽光的盧恩大教堂正面門口和阿魯巴奴鐘塔
油彩・畫布　1893年　107×73cm
巴黎・奧塞美術館藏

水氣・霧靄的魅力

吉維尼近郊的塞納河支流（局部）

吉維尼近郊的塞納河支流
油彩・畫布　1896—97年　81.6×92.4cm
美國・波士頓美術館藏

　　塞納河下游，濕氣重而時常有濃霧；有名的霧都──倫敦，水都威尼斯……等等，都是莫內「挑戰」的戰場。早期的名作「印象・日出」，早就是「霧氣」重重，維特尼也有霧景出現。

塞納河景（局部）
油彩・畫布　1893年
私人收藏

吉維尼近郊的塞納河支流
油彩・畫布　1897年　75×93cm
巴黎・奧塞美術館藏

有人說莫內是畫「光」的，其實也是如此。光之變化無窮，是起因於大氣的作弄。莫內的風景所畫的是把從對象反射出來的光（已經受到大氣影響）的波動，經過空氣而傳到作者「眼」「心」之後的「東西」。空氣的乾濕所產生的效果是莫內所追求的，尤其是含有水蒸氣的空氣造成的霧靄中的景緻，對於莫內更具魅力。

塞納河下游，濕氣重而時常有濃霧；有名的霧都——倫敦，水都威尼斯……等等，都是莫內「挑戰」的戰場。早期的名作「印象・日出」，早就是「霧氣」重重，維特尼也有霧景出現。

吉維尼近郊的塞納河早晨
油彩・畫布　1897年　81.6×93.1cm
紐約・大都會美術館藏

「水上畫室」畫塞納河朝靄

　　在吉維尼，在被塞納河的朝靄所迷
住的時日，莫內經常是清晨三時半就
離開家，還要帶著十幾張大型畫布，
橫過住家兩側的原野，到塞納的河
岸，登上他的「水上畫室」，尋尋覓覓，
認眞工作。這種執著，只是要把不斷
變遷的光景，一幅又一幅的把它畫下
來；更具體的說，天空開始帶色，朝
靄還覆蓋著河面的黎明的瞬間，都能
萬無一失的收納於畫面上。

塞納河支流──
　　　宇宙觀的世界調和

　　在「吉維尼近郊的塞納河支流」一
系列的作品中，可以看到畫面全體依
照空氣（當時的氣氛），只用一種色調
畫成。在此，可以說已經放棄了初期
的印象主義風的畫上常可看到的色彩
「分割法」的筆觸；取而代之的是均
一的筆觸。這些筆觸，把畫面所有的
部分都互相的結合在一起，以相等的
價值出現。

　　依莫內的說法是：「畫畫時，別忘
了：樹上所有的葉子就如同你模特兒
的表情一樣的重要。」這時，在莫內
腦裡所存在著的是「宇宙觀的世界調
和」這種浪漫主義的觀念。世界是由
有機性的生成、構成爲一個強有力的
全體，風景的經驗則是原封不動的自

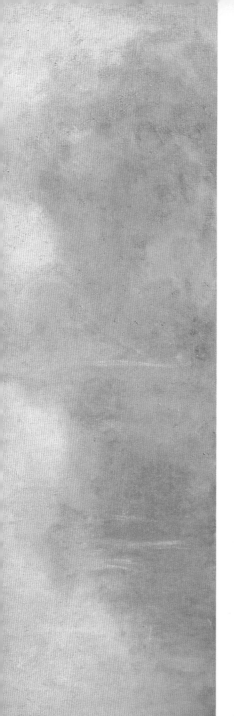

早晨的風景
油彩・畫布　1897年　88.9×91.4cm
美國・北卡羅來那美術館藏

我經驗。在這些一連的作品當中所漂
溢的寂靜與不動性，都藉由近似正方
形的畫布所強調出來。

早晨的風景──
霧是氣氛主題

　　就如同在日後的「睡蓮」裡一樣，
這裡也以水和光的投影爲中心主題。
「實在」與「反映」，「現實」與「幻
影」相接近、交換、相互的更替……
都屬可能。這也是對於莫內作品中內
在的「似非而是的道理」所作的一個
解決之道。探究其原因，保持和自然
的關連，與莫內內在逐漸增強著的幻
想性要素，都以等價的姿態表現出
來。

　　例如「早晨的風景（Morning Land-
scape）」中所主題化的霧的氣氛，絲
毫不露破綻的大氣的效果，在在都於
90年代爲數繁多的連作中，完成了特
別重要的任務。這些作品在1898年6月
喬朱・普迪畫廊的個展中，有17件展
示，極爲成功。

吉維尼的草地
油彩・畫布　1888年　73.7×92.7cm
私人收藏

晨霧
油彩・畫布　1888年　73×92cm
華盛頓・國家畫廊藏

　以上兩幅是在同一地點畫同一構
圖，色調一黃一白，暖、冷不同，但
都具朦朧之美。

浮冰・晨霧
油彩・畫布　1893—94年　65.7×100.4cm
美國・費城美術館藏

浮冰
油彩・畫布　1893年　65×100cm
紐約・大都會美術館藏

浮冰・朋內寇
油彩・畫布　1893年　65×100cm
私人收藏

浮冰・朋內寇
油彩・畫布　1893年　60×100cm
私人收藏

以上四幅都是同一地點，其色調或
紫或藍或綠或橙（製版印刷，本身也
會失真），冰多、冰少，都有不同的感
受。

維特尼之晨
油彩・畫布　1879年　60×71cm
巴黎・蒙馬丹美術館藏

泰晤士河與國會議事堂
油彩・畫布　1871年　47×73cm
倫敦・國家畫廊藏

泰晤士河畔・霧中之美

　　1870年7月普法戰爭爆發。秋天，渡海到英國，或是爲了逃避兵役。不久，卡謬和約翰也跟了來。約有八個月的逗留，莫內以泰晤士河和公園爲主題，畫了數幅作品。這幅是從泰晤士河畔望向國會議事堂的霧中情景。這是一幅以霧或靄的效果爲統一手段的最早的作品之一，而如此處理大氣的效果，在日後莫內的作品中，擔任極重要之使命。

　　天空和水是以灰色爲基調，而藉黃色和玫瑰色的纖細色調處理，使得遠景的國會議事堂或者是西敏寺橋有朦朧的剪影效果，與前景之棧橋的明快態勢，保持一個絕妙的平衡。

　　油彩塗得很薄而簡潔，讓我們想起裴斯拉一連的「小夜曲」。

陽光穿射霧層下的倫敦國會議事堂
油彩・畫布　1904年　81×92cm
巴黎・奧塞美術館藏

暴風雨下的倫敦國會議事堂
油彩・畫布　1904年　81.6×92.1cm
法國・麗里美術館藏

倫敦・陽光透過霧的幻影

　　對於莫內來講，倫敦最大的魅力是「霧」，當然也是大氣的一大傑作。他從1899年到1901年，再度三次訪英（早在1870年曾渡英），也都選在霧濃的秋天或冬天季節，並以泰晤士河爲中心，製作三類不同情景的連作。一是「滑鐵盧橋」，二是「查林柯洛士橋」以及背後的「西敏寺橋」，三是「國會議事堂」。前兩者都是在以眺望泰晤士河有名的薩伯伊旅館（Savoy Hotel）的露台看的情景；而後者則從聖托瑪士醫院的一室看出去的光景。這一連的作品，有的是經以後三年的畫室整理而完成，才記爲「1904」，其實記爲「1900」的可能是較爲接近的罷。

　　在這些作品，從中選出37件展示於1904年5月杜朗・里埃畫廊的「泰晤士河之眺望連作展」。此幅也是其中之一，散亂的陽光透過濃厚的霧層而投映在水面，使哥德式建築的國會議事堂像幻影般的浮現出來。

薩伯伊旅館五樓遠眺泰晤士河畔風光　何恭上攝

滑鐵盧橋（陽光下）
油彩・畫布　1903年　64.5×100.3cm
匹茲堡・卡奈基美術館藏

霧中太陽下的滑鐵盧橋
油彩・畫布　1903年　73.×100.3cm
加拿大・渥太華國家畫廊藏

從薩伯伊旅館五樓陽台
望泰晤士河

莫內從維特尼時代就開始對大氣和光和建築的關係，特別的加予關心。那時他常隔著塞納河畫村子裏的教會或街景。由於此淵源，莫內想起早年曾造訪的倫敦，遂於1899年之秋，1900年之2月，1901年之2月，重渡英倫。

他盤據於薩伯伊旅館五樓面向泰晤士河的露台，畫霧中的河、橋，和國會議事堂。在這裡，當然也是以被天氣和光所包裹著的風景爲作畫主題。然而，以霧出名的倫敦，對於莫內來說，與其說是被包著的風景，倒不如說是「充滿著光的微粒子的世界」較爲恰當。

據說，他把不下90張的畫布掛滿了房間的牆壁，依著一天的光的變化，一張一張替換著畫。在這些畫中，建築物、水、河岸的「形」已不重要了，只見不同的「光」化作色粒，浮游出「物體」來。

對於有人責怪他看照片或版畫作畫，他有一番解釋：「我的大教堂或倫敦或其他的畫，是不是看著實物畫的，並不是問題。誰都可以這樣做的，眞是無聊透頂。我知道有不少畫家，雖對著實物，也只能畫糟畫。重要的是結果啊！」。

查林柯洛士橋
油彩・畫布　1903年　73×100cm
美國・聖路易士美術館 藏

查林柯洛士橋（陰天）
油彩・畫布　1900年　60.7×91.4cm
美國・波士頓美術館藏

滑鐵盧橋
油彩・畫布　1900年　65.4×92.7cm
美國・聖達巴巴拉藝術館藏

東海道五十三次之內　京師　三條大橋
日本浮世繪　　歌川廣重作

陽光照射下的滑鐵盧橋
油彩・畫布　1903年　73.8×93cm
米爾渥其美術館藏

陽光照射下的滑鐵盧橋
油彩・畫布　1903年　65.7×101cm
美國・芝加哥藝術學院藏

陽光照射下的滑鐵盧橋
油彩・畫布　1903年　64.8×99cm
美國・丹佛美術館藏

穆拉王宮
油彩・畫布　1908年　62×81cm
華盛頓・國家畫廊藏

威尼斯‧美得讚嘆又感傷

　　1908年的9月(當時莫內視力開始不好)，莫內陪著妻子阿麗絲到水都威尼斯去旅行。這是受瑪琍‧韓特之邀請而去的。威尼斯含著水和濕氣的大氣，以及陽光，讓莫內即時栽了進去，真是有點「不知今是何年何月」。雖然，熱氣難熬，但獨特的光影，美得讓他既讚嘆又感傷。他感傷不能把這些美的東西一股腦兒帶走，他感傷不能在此地完成製作，更感傷如此沃土竟讓他荒蕪這麼多年。

　　同年12月，因阿麗絲身體不好，才帶著30幾件試作與未完成的作品回國。這些作品在畫室整理之後，挑選29件出展於1912年5月培內姆‧朱奴畫廊。「穆拉王宮」是面臨大運河的邸宅之一。整個畫面覆蓋著微妙的紫色色調，呈現出「已近黃昏」的氣氛。面前的流水取得很大，把主題定在正對面的構圖，是莫內慣用的手法。

威尼斯‧聖塔瑪拉宮晚霞
油彩‧畫布　1908年作　72×91cm
蘇富比1989年倫敦秋拍目錄

現今莫內畫價幾何？

　　莫內的畫充滿陽光的溫暖，隱含光的神祕，作爲家庭、辦公室、美術舘擺飾都非常合適。尤其是日本人對於莫內的畫情有獨鍾，也可能是莫內畫過「穿著和服的女人」，在拍賣市場上祇要有莫內的作品，都成了東洋客競標的對象。

　　1988年在倫敦蘇富比拍賣會上「睡蓮」，1908年作，尺寸92cm×89cm，以5,720,000英磅（合美金11,096,800）落槌。

　　1989在倫敦蘇富比拍賣會上「威尼斯‧聖塔瑪拉宮晚霞」，1908年作，尺寸爲72cm×91cm，以6,710,000英磅（合美金12,145,100）落槌。

睡蓮
油彩・畫布　1908年　92×89cm
蘇富比1988年倫敦秋拍目錄

在理想的風景中

睡蓮（局部）

睡蓮
油彩・木板　1905年　89.5×100.3cm
美國・波士頓美術館藏

　　吉維尼只是個小小的村莊，這塊土地卻受到塞納以及其
支流艾普特河流經之水利，田園肥沃，樹木蒼鬱，明亮的
水面，綠油油的原野，野花燦爛；這些互相交織照應，而
構成極富韻味的自然景觀。莫內的理想風景，東洋式花園
水池在這兒綻放。

日本橋與蓮花池
油彩・畫布　1899年　92×74cm
紐約・大都會美術館藏

吉維尼只是個小小的村莊,有個小教會和村公所,旅舍一間,商店二間,人口僅有100人左右。但是這塊土地卻受到塞納以及其支流艾普特河流經之水利,田園肥沃,樹木蒼鬱,明亮的水面,綠油油的原野,野花燦爛;這些互相交織照應,而構成極富韻味的自然景觀。

吉維尼村莊──
和善的人・美麗的景

莫內的作品在巴黎漸漸賣得好,生活也開始安定起來。主婦的阿麗絲對人既體貼又威嚴,極受村人的好感;因此,莫內一家在村子裡頗受歡迎,能夠過個安穩的生活。莫內依舊外旅尋求繪畫主題,但對吉維尼近郊也進行探索,有趣的畫題陸續的被發現出來。

這可能是因為生活安定之後,莫內對自然變遷的觀察,能夠更為細密。然而,吉維尼的莫內,時而為開始起筆的原野,因一陣春雨而突然變成一片新綠;或是才畫的樹林,因早來的霜降,在一夜之間染成紅葉而動起肝火。

在艾普特河畔畫白楊樹的連作時,為了要求木材商延後伐林,而用錢去換時間,也成為一個插曲。

莫內把粉紅色的牆壁帶有綠色百葉窗的房子,以及果樹園一起買下來,是在1890年。50歲的莫內把果樹園加予適當的整理,其間種上喜愛的花株,造成一個百花繚亂的大庭園。最初的用意只是在不能外出的雨天,也可以畫畫庭園裏的花而已;但是後來卻想到「假如在家的旁邊有喜歡的風景可當畫題,也就不必每天背著幾十張畫布在外奔波,不必再為麥稈被運走當飼料而煩惱,更不必再擔心白楊樹會被砍伐而畫不成畫」。

睡蓮的水池和日本的凸鼓橋
油彩・畫布　1899年　90.5×90cm
美國・普林斯頓大學美術館藏

日本庭園——
自然・人生的觀察者

1893年，莫內把花園前方，鐵路和溜河之間的土地買了進來，引水掘渠，規劃成水邊的風景。在他的腦中，第一個想到的是「日本庭園」——大大的水池，好幾種睡蓮臥植其中，一座日本「凸鼓橋」浮架池上，池邊有弧形的藤棚；在水邊種些菖蒲或燕子花，配得恰到好處；垂柳輕柔的吻著水面，修竹成叢。在莫內的這兩個庭園裡，所種植的植物不下百種，甚至有遠從日本寄來的櫻花、蘋果、槭；其中最為莫內誇耀的是一種十分艷麗的日本牡丹。於是一處理想的風景就此創造起來了。

在吉維尼庭園裏的莫內，不僅是一個自然的觀察者，同時也是人生的觀察者。他時而抓住能想起亞爾嘉杜時代充滿喜悅的花朵；時而盯著池底在搖動的暗色水草。

他畫著水面上反映的明快白雲，同時也描繪浸透水中樹木的茂密影子。在最晚年所完成的睡蓮大畫面裡，吾人可以看到一個面臨因白內障而導致失明危機，而正在揮動畫筆的「光的畫家」所流露的苦惱和歡喜。光和影正就是人生的色彩呀！

莫內在吉維尼自己營造水池花園一景

淡紫色的鳶尾花
油彩・畫布　1914—17年　200×100cm
巴塞爾・比以勒畫廊藏

　　莫內說：「挖水池，引水種植睡蓮，本來只是爲了景觀的欣賞而已。」不管如何，在這位畫家一生當中，觀看和畫畫是分不開的；喜歡的，不管是何時，都把它畫了下來；所以，確確實實在造園的過程中，同時也有作畫的意識潛在其中。然而，在吉維尼所發現的主題之中，像「盧恩的大教堂」及其他連作的作品中所見的「迫切的緊張感」已大爲減低，顯得更爲踏實穩定。或許，莫內已經渡過他獨創的「在自然中瞑想」的時期了。

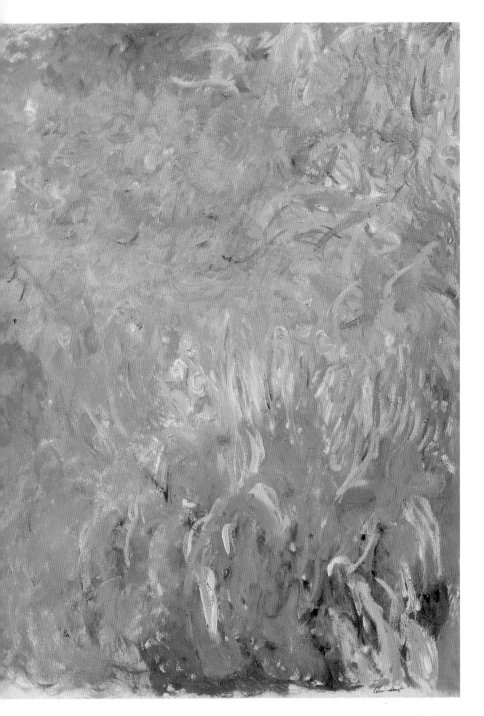

吉維尼的日本小橋和水上花園
油彩·畫布　1899年　89×92cm
私人收藏

深川萬年橋下　　日本浮世繪　　葛飾北齋作

凸鼓橋　看日本浮世繪起靈感

　　從葛飾北齋 (1760—1849年) 的「富嶽三十六景」中「深川萬年橋下」得來的靈感而搭架的這座日本凸鼓橋，他曾經從不同的角度去畫；但終究是從正前方所畫的，其構圖最爲安定；這也顯出莫內的精神狀態之趨於穩定。在這濕氣稍高的橋下，那波動著的光，再度被捕捉到，莫內的喜悅也「躍然畫上」。

　　莫內的睡蓮池畔，有兩棵大的垂柳。其中一棵正好長在日本凸鼓橋旁。當莫內從正前方畫這座橋時，這棵垂柳好像是一道瀑布，對著半圓形的拱橋沖瀉著黃綠色的鮮明光流，讓這寧靜的風景，帶來潤澤的動勢。

　　然而，柳樹並不單是被當作反射光的主題而已；有時畫家會繞到這棵樹的背後，去看從無數混迷的樹葉透過來的光，他說：「我正力求現象的極限」。那個神秘的境界，到底是在那裏？本來色彩是表現光的手段，但是，卻到達另一種境界——表現色彩本身所具有的「力量」來了。

莫內花園內的凸鼓橋有東洋味

睡蓮池上的橋
油彩・畫布　1899年　92.7×73.7cm
紐約・大都會美術館藏

睡蓮池
油彩・畫布　1900年　89.9×101cm
芝加哥・藝術學院藏

莫內花園水池邊花叢　　　花叢
1915—20年　200×180cm
私人收藏

莫內花園水池裡睡蓮

睡蓮池・綠色的調和
油彩・畫布 1901年 89×93cm
巴黎・奧塞美術館藏

睡蓮
油彩・畫布　1907年　89.3×93.4cm
美國・波士頓美術館藏

睡蓮──
爲了看蓮卻畫蓮

　　爲了生活的安樂而闢的睡蓮池
──確實是如此。沒有比水更能安慰
人的東西,「喔・不朗達紐埃（春之
水)」一詞,對於法國人來說,眞是「一
聽即爽」的聲音。沒有比花更能讓人
喜悅的東西,睡蓮自古以來也就是「新
生」的象徵。然而,對於像莫內這樣
看到理想的就要畫的畫家,困難也由
此而生。

布　1906年　81×92cm
威爾斯國家美術館藏

布　1903年　62.2×106.7cm
戴

垂柳、凸鼓橋、水草的倒影是莫內水池特色

睡蓮
油彩‧畫布　1915年　161×182cm
美國‧波特蘭美術館藏

234

自然的精華——
水・雲・花草外加光

「水面」曾經對於莫內來說，的確
是個極好的主題；然而，卻處於是印
照大氣和光的一種空虛的反射板。可
是，現在其表面浮著華麗的花，這樣
的水面，已變成極為複雜的空間了。
睡蓮的這邊是大氣的空間；其周圍是
天空、樹木的影像；而其背後又是有
水和水底的緣故。

濟慈（英詩人 John Keats）・假如看到
這樣的光景，或許會讚句「自我陶醉
著的睡蓮」，但畫家則必需揮動他的
筆，細細的把空氣、雲和光，實體和

虛像描畫出來。

水和雲與草花，外加上光，這些可
稱為自然的精華的主題，單是在某一
方面能體察得出，就夠是偉大的發現
了，然而莫內卻能把這自然的鏡子所
呈現出來的魅惑、神秘世界，全面的，
毫無困難的抓住，而呈獻給世人。

在別的地方還可能有如此清淨又和
平的光景嗎？只是用「和平」一詞是
不足以滿足如此豐富的內蘊。這可能
就是對自然的愛的一種表現罷了。

睡蓮・水的風景
油彩・畫布　1905年　90.2×99.7cm
私人收藏

花拱門
油彩・畫布　1913年　81×91.4cm
費尼克斯美術館藏

水底的無限天空

　　從漂浮睡蓮的水面，看到無限深底
的莫內，覺得不需要在畫面安排些岸
邊花草，以及樹木的枝葉，以表現遠
近感了。終究來說，變成單一平面的
畫面，其實反而更見其遼闊和向無限
的擴展（看下圖）。這就是繪畫之不可
思議的魅力。

　　但是，當初夏的某一天，莫內看到
睡蓮池的後面遠處，爬滿了薔薇的拱
門，紅花怒放真熱鬧。被一股向眾人
誇示的意圖所驅使，他畫了這幅畫。
莫內把紅和綠的華麗拱門整個安排在
畫面的上方，並且，把倒影畫在水面
上。在反映著牛奶色天空寧和的池
畔，莫內得到了雙重的喜悅。

Claude Monet 1905

莫內的「水蓮池塘」
濃郁的東洋情趣

如果你喜歡莫內的話，如果您到巴黎，建議您到吉維尼（Giverny）一遊，約二小時車程，是一座東洋情趣的花園，曾經法國政府造路必須經過莫內的家至蓮花池塘通道，為了不破壞「莫內花園」的完整，某斯卡前總統還特准以地下道路通過，不但維持花園完整，還設計了很好隔音。這是莫內自己造的園，像他的畫意趣濃郁。

水蓮池塘
油彩・畫布1903年　81×99cm
日本・東京石橋美術館藏

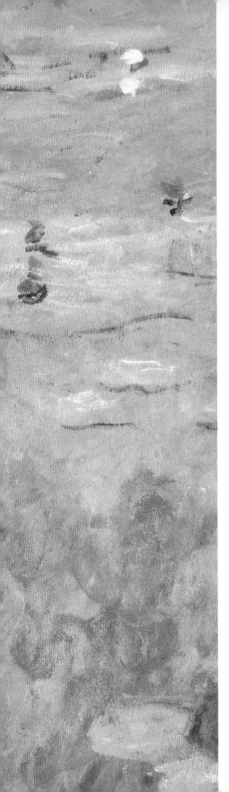

睡蓮
油彩・畫布　1922年

水邊風景的組合——
睡蓮池外美麗天空

　　把注意力集中在睡蓮池的主題期
間，莫內的想像開始大大的擴展起
來。他的構想是把一連串的水邊風景
組合起來，圍在周圍，創造出一個壯
大的環境。但在1911、1914年妻、子
相繼去世，自己又因白內障可能失明
的悲傷、苦惱中，他又展開另一階段
的挑戰。1916年新蓋一間大畫室，以
便安置巨型的畫布。

　　在他逐漸衰退的視力下，莫內對於
畫面的加筆產生了恐懼感，陷於極度
的苦惱中。幸好有克利曼索（當時法
首相）篤厚的友情鼓勵，再度堅強的
站起來，眼疾也經手術，視力暫時恢
復過來，才能畫到最後的一天。

　　畫家死後，在巴黎的奧倫茱麗美術
館所展示的長達90公尺、占兩個房間
的大壁畫是他理想中的傑作，也是他
驚世的構想的實現。

　　在這習見平常的「睡蓮花間的水池」
風景中，或許是莫內把一生中所經驗
的「時間」與「空間」，全部都表現在
裡面了。在蒼綠的水色中，有人看到
一片「混沌」，有人卻看到了「平穩」。
因為，莫內的藝術已經達到兩價性
（Ambivalence）的境地，達到普遍性
之本源。有些畫家把這個房間稱之為

藤（局部）
油彩・畫布　1920年　前後100×301cm
巴黎・蒙馬丹美術館藏

藤
油彩・畫布　1920年　100×301cm
巴黎・蒙馬丹美術館藏

「印象派之西斯丁那禮拜堂」，莫內
是個無神論者，但這壯大的作品，卻
給世人有汎神論般的，宇宙般的崇高
感覺。

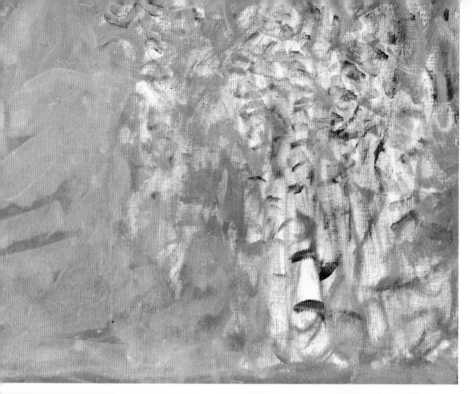

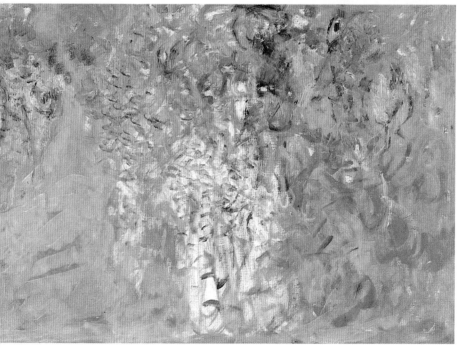

未完成的作品——
原為畫家私房畫

最晚年，除了睡蓮之外，當然也畫了很多其他的作品。尤其是畫家有意藏起來的一些作品，最為震撼世人。這些可能算是莫內未完成的作品，對莫內的藝術來說，或是以美術史的觀點來說，可能比起『未完成作』的趣味，有更為重大的意義存在。

第一，乍看是很平穩地把莫內藝術的苦惱的部分浮雕起來，告知世人：他的藝術是靠著意志的支撐而從苦惱中解脫，而進入歡喜的；或者是苦惱與歡達相依相輔而已到達了一個平靜的境地。

第二是，在告訴我們：已被認為是

寫實主義美術頂點的莫內的繪畫，與對極的抽象主義繪畫，只有薄紙一層之差罷了。

無論如何，被認為是由自然現象的經驗而形成的莫內的繪畫，其實是經由現象而經驗了本質性的東西所產生出來的。這些痕跡都可以從這些作品中明顯的看出來。

在蒙馬丹美術館的這類未完成作品，看起來幾乎像是抽象畫，但多多少少可以看出是在畫掉落睡蓮池中的藤蔓和花。配合大的畫面，筆觸大大的舒展開來，可以看出有意保持裝飾性的力量的苦心。

蔓生薔薇的小徑
油彩・畫布　1922年　89×100cm
巴黎・蒙馬丹美術館藏

日本的凸鼓橋
油彩・畫布　1922—24年　89×100cm
巴黎・蒙馬丹美術館藏

鳶尾花
油彩・畫布　約1915－22年　200.7×100.3cm
私人收藏

鳶尾花
油彩・畫布　約1915－22年　200×149.9cm
巴塞爾・比以勒畫廊藏

莫內花園水池邊鳶尾花

白內障痛苦・創造抽象的痕跡

　　這樣可怕的畫的出現，到底是白內障嚴重以致眼睛看不到之後，或是如同有一作家所說，是由苦境掙扎著起來的「猛獅的爪子」的痕跡？或又是從痛苦的莫內的心，抽象出來的？

　　的確，畫這作品時的莫內，是在失明的危機中，以強毅的意志要克服它，同時也在苦惱中掙扎。不久，這些會爬滿薔薇的拱門，看不出花朵盛開的庭院小路；看不出柳樹投落綠光的平靜的日本橋風景。然而，這些正是莫內所見的蔓生薔薇的小徑，也是他所見的凸鼓橋。——所有的繪畫只不過是幻影而已。——正本清源，是從管子裡擠出來的顏料而已。瞭解這種道理，才能體會到藝術家之偉大。

MANCHE
英倫海峽

義雜爾·1882
Pourville

瓦朗吉維爾·1882
Varengeville·

DIEP
弟埃

飛坎·1881
Fécamp

Etretat·
艾特達·1883~86

Ste Adresse
聖達特勒斯·1866~67

LE HAVRE
赫阿佛爾·1845~59
1862~63

盧恩
ROUE

Seine 塞
納
河

Trouville
特魯維·1865

N O R M A
諾曼第

NORMA
諾曼第

Ben
朋

Orne 奧恩河

Somme

epte

伊爾・德・法蘭西
ILE・DE・FRANCE

塞音河

・1883-1926

NY
VETHEUIL
堆特尼・1878-81

瓦茲河 Oise

亞爾嘉杜・1871 - 78
ARGENTEUIL

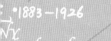

・1881
-83 Poissy

保爾・1861・
70 Bougival

P.ARIS

巴黎 ・1840-45 ・1863
・1859-61 ・1877-1878

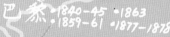

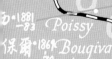

楓丹白露
Fontainebleau・

【印象派繪畫】
◎劉振源著
◎定價380元

印象派繪畫實際包括：「印象派」、「新印象派」、「後期印象派」三個繪畫派別，他們的特色、畫理是本書探討主題。印象派代表畫家，包括馬泰、莫內、雷諾亞、畢沙羅、秀拉、西捏克、塞尚、梵谷、高更……這是影響近代西洋繪畫最深，也是您應該認識的近代西洋畫家。

● 本書內容6萬字・260張彩色印象西洋名畫 25開本 256頁

【近代西洋繪畫】
◎何恭上編著
◎定價380元

近代西洋繪畫很多人認爲是那些既抽象又看不懂的繪畫，其實它是指19世紀，1872年以後巴黎一批畫家由自省中頓悟，覺得畫家應畫以自己爲出發，屬於自我內心世界的作品，從印象派開始，接著有新印象派，後期印象派、象徵派、野獸派、立體派，超現實畫派、表現派、分離派、抽象派、POP藝術、達達派……一直到大家所謂「看不懂」的現代畫派。

● 本書10萬字・25開本 272頁 全部彩色印刷 精緻優雅

【彩色西洋繪畫史】
◎馮作民編著
◎定價380元

西洋繪畫史，從「原始時代」、「古典時代」、「史世紀繪畫」、「義大利的文藝復興」、「文藝復興期的法蘭德斯、法蘭西、德意志」、「巴洛克時代」、「洛可可時代」、「帝政時代和革命時代」直到「現代畫的發端」、「現代繪畫的畫派和畫家」、「現階段繪畫主潮」爲止。

● 本書內容8萬字・317張彩色名畫 25開本 256頁

【彩色中國美術史】
◎馮作民編著
◎定價380元

山川錦繡，文物光華，由唐的金綠，經宋元的文人風雅，到清的革新變革，訴說著何等的時代哲思？而仕女人物的丰彩，又在數千年的畫幅中，有著何等多樣的身影？美術發祥於人類對形、色的捕捉，背後更透露出對生命的禮讚與省思。● 本書內容10萬字・25開本 272頁 全部彩色印刷

走入名畫世界 ①

【女性美名畫】
⊙何恭上撰文
⊙定價280元

本書選自世界名畫屬於女性美部份，從文藝復興「蒙娜莎微笑」開始到立體派畢卡索「賣藝人」；她們是性的象，豐腴的代表，美的理想，在神話、宗教、歷史、文學相關領域裡，代言了種種要素。而一如互古不變的辰星，著光輝的女性美永恒閃耀！

女性美名畫近百幅·文字2萬·25開·132頁·全部彩色印刷

【神哉！畢卡索】
⊙陳錦芳著
⊙定價380元

畢卡索是本世紀最傑出大畫家，他有取之不盡用之不竭精力和揮霍不完的天才。當千萬觀衆正失神著迷於他創的世界時，離巴黎五個緯度的地中海艷陽下，一幅幅充生命力的作品就從畢卡索的指端誕生。

畢卡索彩色名畫232幅·文字2萬·25K·256頁·彩色精印

【莫內的魅力】
⊙洪麟風著
⊙定價380元

莫內把印象派的理想，所謂「光的神秘」，將全部身心投入奉獻進去。他也是創造「組畫」的畫家，從來沒有一位畫家，將一種主題以不同時辰，不同季節，不同氣氛來表現。因爲他的畫都在戶外產生，而且尋覓到那麼多「畫點」，以以現在有所謂「莫內繪畫之旅」的尊賢。

●本書三萬五千字·25開本·256頁·全部彩色精印。

【世紀末繪畫】
⊙劉振源著
⊙定價380元

「世紀末繪畫」指象徵派、納比派、頹廢派、分離派四個畫派，也有人把英國的拉斐爾前派也歸入，這不是西洋繪畫主流派，以前並未受人重視。時入廿世紀末，不知是意識心態接近，又瘋狂喜愛這悲劇與歡樂交錯。大家以追舊世紀，提示新時代來臨前惶恐，又愛上這「世紀末繪畫」。 ●本書九萬字，25開本，256頁，全部彩色印刷。

走入名畫世界　I

名畫家筆下
女性美名畫
何恭上著　藝術圖書公司印行

藝術圖書公司 台北市羅斯福路3段283巷18號
郵撥 0017620 － 0 帳戶 ☎：(02)362-0578　FAX：(02)362-3594

本書畫家人名原名對照表

① 伍傑民・布丹 (BOUDIN, Eugene 1824～1898)
② 塞尚 (CÉZANNE, Paul 1845～1927)
③ 高爾培 (COURBET, Gustave 1819～1877)
④ 戴伽斯 (DEGAS, Edgar 1834～1917)
⑤ 歌川廣重 (HIROSHIGE)
⑥ 盧洛瓦 (LEROY, Louis)
⑦ 馬奈 (MANET, Edouard 1832～1883)
⑧ 米勒 (MILLET, Jean Francois 1814～1875)
⑨ 莫內 (MONET, Oscar-Claude 1840～1926)
⑩ 畢沙羅 (PISSARRO, Camille 1830～1903)
⑪ 雷諾亞 (RENOIR, P.Auguste 1841～1919)
⑫ 西斯勒 (SISLEY, Alfred 1839～1899)

本書地名原文對照表

① 安蒂浦 (ANTIBES)
② 亞爾嘉杜 (ARGENTEUIL)
③ 貝爾・伊 (BELLE-ILE)
④ 玻迪哥拉 (BORDIGHERA)
⑤ 布其保爾 (BOUGIVAL)
⑥ 布爾塔紐半島 (BRITTANY)
⑦ 查林柯洛士橋 (CHARING CROSS BRIDGE)
⑧ 庫魯斯 (CREUSE)
⑨ 弟埃普 (DIEPPE)
⑩ 艾普特河 (RIVER EPTE)
⑪ 艾特達 (ETRETAT)
⑫ 厄爾河 (EURE)
⑬ 飛坎 (FECAMP)
⑭ 楓丹白露 (FONTAINEBLEAU)
⑮ 吉維尼 (GIVERNY)
⑯ 荷蘭 (HOLLAND)
⑰ 伊珊馬丹 (ILE SAINT-MARTIN)
⑱ 朱赫西 (JEUFOSSE)
⑲ 寇爾沙山 (MOUNT KOLSAAS)
⑳ 諾曼弟 (NORMANDIE)
㉑ 拉・葛蘭哲特 (LA GRANDE JATTE)
㉒ 拉・葛里諾埃爾 (LA GRENOUILLERE)
㉓ 魯・阿佛爾 (LE HAVRE)
㉔ 大岩門 (MANNEPORTE)
㉕ 聖母院 (NOTRE DAME)
㉖ 瓦茲河 (OISE)
㉗ 巴黎奧倫荼麗美術館 (ORANGERIE MUSEUM)
㉘ 佩特艾里 (PETIT AILLY)
㉙ 普瓦西 (POISSY)
㉚ 波・柯頓 (PORT-COTON)
㉛ 波・度莫士 (PORT-DOMOIS)
㉜ 波・哥魯法 (PORT-GOULPHAR)
㉝ 普維爾 (POURVILLE)
㉞ 盧恩 (ROUEN)
㉟ 溜河 (RU RIVER)
㊱ 聖拉塞 (SAINT-LAZARE)
㊲ 沙里士 (SALIS)
㊳ 沙索 (SASOO)
㊴ 薩伯伊旅館 (SAVOY HOTEL)
㊵ 塞納河 (THE SEINE)
㊶ 聖達特勒斯 (STE ADRESSE)
㊷ 斯德哥爾摩 (STOCKHOLM)
㊸ 特魯維 (TROUVILLE)
㊹ 瓦朗吉維爾 (VARENGEVILLE)
㊺ 維爾農 (VERNON)
㊻ 維特尼 (VETHEUIL)
㊼ 滑鐵盧橋 (WATERLOO BRIDGE)
㊽ 西敏寺橋 (WESTMINSTER BRIDGE)
㊾ 參達姆 (ZAANDAM)

莫內的魅力

洪麟風著

| 法律顧問◉ | 北辰著作權事務所 |
| ◉ | 蕭雄淋律師 |

| 發 行 人◉ | 何恭上 |
| 發 行 所◉ | 藝術圖書公司 |

地　　址◉	台北市羅斯福路3段283巷18號
電　　話◉	(02) 362-0578・(02) 362-9769
傳　　眞◉	(02) 362-3594
郵　　撥◉	郵政劃撥 0017620-0 號帳戶

南部分社◉	台南市西門路1段223巷10弄26號
電　　話◉	(06) 261-7268
傳　　眞◉	(06) 263-7698

中部分社◉	台中市北屯區松竹路103號
電　　話◉	(04) 235-7410
傳　　眞◉	(04) 230-8241

| 登 記 證◉ | 行政院新聞局台業字第 1035 號 |

| 定　　價◉ | 380 元 |

| 初　　版◉ | 1995年 1 月30日 |

ISBN　957-672-166-000